„*Man muß das Wahre immer wiederholen, weil auch der Irrtum um uns her immer wieder gepredigt wird, und zwar nicht von Einzelnen, sondern von der Masse. In Zeitungen und Encyklopädien, auf Schulen und Universitäten, überall ist der Irrtum obenauf, und es ist ihm wohl und behaglich im Gefühl der Majorität, die auf seiner Seite ist.*"[1]

Johann Wolfgang von Goethe

---

[1] Johann Peter Eckermann: Gespräche mit Goethe in den letzten Jahren seines Lebens, Zweiter Band 1828-1832, mit Einleitung und Bemerkungen herausgegeben von Gustav Moldenhauer, Leipzig 1884, S. 32. Johann Wolfgang von Goethe in einem Brief vom 16. Dezember 1828, der an Johann Peter Eckermann gerichtet war.

Tomasz M. Froelich

Bildungsvielfalt statt Bildungseinfalt

Bessere Bildung für alle ohne Staat

herausgegeben von Michael von Prollius

Edition Forum Freie Gesellschaft
Bd. 2

Bibliografische Information der Deutschen Nationalbibliothek:
Die Deutsche Nationalbibliothek verzeichnet diese Publikation in der Deutschen Nationalbibliografie; detaillierte bibliografische Daten sind im Internet über http://dnb.dnb.de abrufbar.

Herstellung und Verlag: BoD – Books on Demand, Norderstedt
Titelbild und Umschlaggestaltung: Björn von Prollius
Layout: Susanne Junge

ISBN: 978-3-7347-4929-2

Inhaltsverzeichnis

Vorwort 8

Einführung 11

1. Der Staat und seine Entstehung 13

  1.1 Der Staat: Wie alles begann..........................13

    Thomas Hobbes und sein „Leviathan'' 13

    John Locke und seine „Zwei Abhandlungen
    über die Regierung" 16

    Jean-Jacques Rousseau und sein „contrat social'' 17

  1.2 Der Irrtum der Gesellschaftsvertragstheoretiker 18

  1.3 (Anarcho-)Libertäre Staatstheorie 21

2. Bildung und Staat 27

  2.1 Das Bildungsmonopol als Machtinstrument des Staates 27

  2.2 Handlanger des Staates: Intellektuelle und Ideologen 28

    Einheitsbrei statt Vielfalt................................29

    „Vivat et res publica, et qui illam regit!'' 32

  2.3 Mit Schulpflicht und Indoktrination gegen die Langeweile 34

    Massenkidnapping durch den Staat: Aktuelle Beispiele 36

    Schulpflicht: Pädagogisch bedenklich................37

    Gekonnte Verzerrung des Denkens der Massen 38

  2.4 Die Mär vom sozialen Ausgleich 41

    Privat- und Armenschulen in Großbritannien
    im 19. Jahrhundert 42

  2.5 Vorgegaukelte Kostenlosigkeit........................47

  2.6 Berechtigungswesen 49

3. Kein Aufbegehren gegen den Sta(a)tus Quo 53

3.1 Kein Aufstand der Massen 53

3.2 Erst recht kein Aufstand der Handlanger des Staates 54

Ideologen, Intellektuelle, Pädagogen, Lehrer, Wissenschaftler 54

Sonstige Staatsdiener 55

3.3 Warum Meinungsfreiheit so wichtig ist 56

Vergiftung des gesellschaftlichen Klimas 59

Gefahren für die Bildung und die Forschung 60

4. Bildung auf dem freien Markt 67

4.1 Die Vorzüge eines freien Bildungswesens 67

Erster Vorzug: Expansion verbessert Bildungschancen 67

Zweiter Vorzug: Qualitätskontrolle auf Bildungsbedürfnisse
ausgerichtet 68

Dritter Vorzug: Informationsprobleme durch
Markennamen gelöst 69

Vierter Vorzug: Forschung und Entwicklung optimieren
Bildung und Pädagogik 70

Fünfter Vorzug: Angemessene Bezahlung und gute
Auslastung der Lehrer gewährleistet 72

Sechster Vorzug: Attraktivität für Investitionen und
Kosteneffizienz steigt stark 72

Siebter Vorzug: Ziele der Schüler werden berücksichtigt 73

Achter Vorzug: Geringere Kosten durch direkte Bezahlung 74

Neunter Vorzug: Privatschulen wären für alle bezahlbar 75

Zehnter Vorzug: Eindämmen gesellschaftlicher Konflikte 76

4.2 Alternative Bildungskonzepte zur Schule existieren 80

4.3 Wettbewerb statt Staatsmonopol 83

5. Fazit: Bildung für die Menschen, statt für den Staat 87

6. Interviews 89

   6.1 Interview mit Julia-Friederike Morgenroth (Schulflüchtling) 89

   6.2 Interview mit Stefan Blankertz (Anarchokapitalist) 93

Literaturverzeichnis 101

Zum Autor 107

Dank 108

Herausgeber 108

Forum Freie Gesellschaft 108

Vorwort

Vom Wert der besseren Bildung berichtet der junge Hamburger Autor Tomasz M. Froelich. Den Leser erwartet eine Reihe schlagender Argumente, die alle eines gemeinsam haben: Private Bildungsvielfalt ist staatlich monopolisierter Bildungseinfalt überlegen. Der gebildete Staatsbürger dürfte das erst einmal für eine fixe Idee halten. Umso treffender ist das vorangestellte Goethe-Zitat. Der überall anzutreffende Irrtum wirkt zwar beruhigend, muss aber immer wieder korrigiert werden. In diesem Fall lautete der Irrtum, Bildung sei Sache des Staates. Der Staat müsse verbindliche Standards setzen, ein kostenloses Angebot für alle zur Verfügung stellen und die Nutzung dieses Angebots von jedermann mit Zwang durchsetzen. Da stimmt offensichtlich etwas nicht: Ein Angebot mit Zwang durchsetzen. Mit welchem Recht? Jeder, der hier (nicht) nachdenklich wird, sollte unbedingt weiterlesen. Eine Korrektur dieses offenkundigen Irrtums kann von jemandem erfolgen, der außerhalb des Establishments steht und sich eine fundierte Meinung gebildet hat. Tomasz M. Froelich bringt als Betreiber der libertären Internetplattform *www.freitum.de*, die mit der Roland-Baader-Auszeichnung ausgezeichnet wurde, dafür gute Voraussetzungen mit.

Roland Baader schrieb in seinen Freiheitsfunken, dass im Wohlfahrtsstaat nicht die Produktionsmittel verstaatlicht werden, sondern die Menschen, nicht das Produktivkapital sozialisiert werde, sondern das Humankapital. Tatsächlich gehört die als selbstverständlich angesehene Verstaatlichung des Bildungswesens zu den zentralen Irrtümern unserer Gesellschaft. Es ist kaum zu ermessen, ob der Bildungssozialismus oder der Geldsozialismus die schlimmeren Verwerfungen hervorruft. Beide Monopole gelten als unhinterfragbar und werden doch zunehmend herausgefordert. Da die Herrschaft über die Köpfe und die Herrschaft über das Geld herausragende Machttechniken sind und das bei autoritären Herrschaftssystemen erkannt und kritisiert wird, lohnt es sich die herrschenden Zustände insbesondere im deutschsprachigen Raum zu hinterfragen. Dass Bildungssozialismus keine polemische Parole ist, lässt sich schnell erkennen: Kommissionen legen einheitliche Standards für

individuelle Menschen fest und auch noch Schul- und Unterrichts-
formen. Das deutsche dreistufige Schulsystem entstammt dem Maschi-
nenzeitalter. Die Hirnforschung hat längst aufgezeigt, dass durch die
vorherrschenden Lehrmethoden bereits die Grundschüler ab der
2. Klasse die Lust am Lernen verlieren, zumal die natürliche Neugier
verödet. Aufgabe von Lehrern ist es gerade nicht, Kindern etwas beizu-
bringen, sondern aus Kindern etwas herauszuholen, wie es der bekannte
Neurobiologe Gerald Hüther formulierte. Nicht Wissen vermitteln,
sondern Begabungen und Talente zur Entfaltung bringen, das ist die
Herausforderung für die persönliche Entwicklung. Wie soll das mit
einem Lehrkörper einerseits und zwei bis drei Dutzend Schülern
andererseits gelingen? Angesichts der Vielfalt und Komplexität von
Menschen ist für die Lösung dieser Aufgabe eine dezentrale Ordnung
mit ihrem Entdeckungsverfahren die beste Wahl.

Tomasz M. Froelich geht das Thema frontal an und untersucht
zunächst die Natur des Staates. Anschließend hinterfragt er die staatliche Bildung mit Blick auf zahlreiche Mythen. Es folgt eine Auseinandersetzung mit der Frage, warum weitreichende Proteste ausbleiben.
Schließlich werden zehn Vorzüge eines freien Bildungswesens aufgezeigt. Der Anhang bietet zwei lesenswerte Interviews mit Anhängern
von Bildungsfreiheit.

Nach, vielleicht schon während der Lektüre lässt sich trefflich strei-
ten. Mit einer produktiven Auseinandersetzung wäre bereits viel
erreicht. Nicht jeder wird die anarchistischen oder anarchokapitalistischen Argumente teilen. Das gilt auch für den Herausgeber, der im
Einklang mit Tomasz M. Froelich für ein freies Bildungswesen eintritt,
jedoch nicht für eine Abschaffung des Staates. Ein Minimalstaat ist in
klassisch liberaler Denktradition geeignet, der Herrschaft des Rechts als
Voraussetzung für ein friedliches Zusammenleben in einer freien Gesellschaft zur Geltung zu verhelfen.

Zugleich sollte jeder Leser sich beim Thema Bildung sensibilisieren
lassen für die Verdrehung der Realität. Vieles, was im Namen des
sogenannten Gemeinwohls, des Sozialen, für die relativ schlechter
gestellten Menschen betrieben wird, entpuppt sich beim genaueren
Hinschauen als Propaganda oder aber die schlechtere Alternative zu

freier Bildung. Ohnehin war Bildung im Westen nie ein Staatsprojekt, bis fast alle Menschen alphabetisiert waren und erst dann Bildung verstaatlicht wurde.

Das vorliegende Buch enthält eine Fülle interessanter Details, etwa eine marxistische Untersuchung in den USA, die Umverteilung von unten nach oben als wahren Grund für öffentliche High Schools aufzeigt und deshalb von den unteren Schichten abgelehnt, von den oberen, tonangebenden hingegen befürwortet wird. Zusammengenommen bietet es einen politikökonomische Rahmen für die aktuellen Erkenntnisse der Hirnforschung und praxisorientierter umfassender Analysen wie der von Elizabeth Green, Autorin des aktuellen Buches „Building a Better Teacher: How Teaching Works (and How to Teach it to Anyone). Allen gemeinsam ist die Erkenntnis, Lernen und persönlich Entwicklung erfordert, dass nicht die Lehrer im Mittelpunkt stehen, sondern eine handwerkliche Meisterschaft erforderlich ist, die den individuellen Lern- und Entwicklungsprozess des mit Leidenschaft Lernenden unterstützt.

Sobald der Wert der besseren Ideen Zugang zu möglichst vielen klugen Köpfen gefunden hat, ist ein wichtiger Anfang gemacht, um Freiheit, Recht und Einigkeit (über das Wesentliche) wieder mehr Geltung zu verschaffen. Eine Fortsetzung mit weiteren Autoren in der kontinuierlich wachsenden Reihe freiheitlicher Gegenwartspublizistik für jedermann ist geplant.

Berlin, im Januar 2015

Michael von Prollius

Einführung

Das Bildungswesen wird gemeinhin als eine der größten Errungenschaften des modernen Staates angesehen. Es gilt als „heilige Kuh"[2] und wird kaum hinterfragt. Die weitläufige Annahme lautet: Bildung ist der Motor für gesellschaftliche Entwicklung und Wohlstand, den der Staat – *und nur der Staat!* – zum Laufen bringen kann. Salopp könnte man sagen: *Ohne Staat keine Bildung und ohne Bildung geht nix!*

Dieses Buch soll die Lobeshymne auf den Staat ein wenig umdichten. Es soll auf die eigentliche, möglicherweise perfide Motivation hinter der Errichtung des Bildungswesens durch den Staat hinweisen. Ging es dem Staat in erster Linie darum, seine Einwohner zu mündigen, gebildeten Bürgern zu erziehen? Oder ging es ihm darum, sie mithilfe des Bildungssystems zu *gehorsamen Systemtrotteln* zu formen?[3] Hat der Staat das Bildungswesen der Bildung wegen ausgebaut oder ist das Bildungswesen nicht vielmehr ein Instrument zur Zementierung der Macht des Staates? Um diese Fragen zu klären, wird kurz erläutert, wie Staaten entstanden sind und was ihre Natur ausmacht, die sich auch im

---

[2] Vgl. Ivan Illich: Klarstellungen: Pamphlete und Polemiken, München 1996, S. 13-25. Ivan Illich (1926-2002), österreichisch-amerikanischer Philosoph und Theologe, der in seinen Schriften für die Entschulung der Gesellschaft warb. Illich bezeichnete Schulen als „heilige Kühe" der Industriegesellschaft, an die sich die mittlerweile „schulbedürftigen" Menschen gewöhnt hätten, weshalb sie sie nicht hinterfragen. Schulen sind mit Bildung nicht gleichzusetzen, aber ein zentraler Bestandteil des gegenwärtigen Bildungswesens, welches allgemeinhin, wenn nicht als „heilige Kuh", so doch zumindest als „heiliges Kalb" angesehen wird.

[3] Vgl. Eugen Maria Schulak; Rahim Taghizadegan: Vom Systemtrottel zum Wutbürger, Wien 2011. Eugen Maria Schulak und Rahim Taghizadegan sind Wiener Philosophen mit Hang zum Querdenken und Sympathien für die Österreichische Schule der Ökonomie. Beide leiten das private Institut für Wertewirtschaft in Wien. Schulak und Taghizadegan bezeichnen die große Masse fremdbestimmter, im Hamsterrad des Systems laufender Menschen provokant als „Systemtrottel".

staatlichen Bildungswesen widerspiegelt. Die Methoden, die der Staat bei der Ausführung seines Bildungsauftrags verwendet, werden anschließend einer kritischen Analyse unterzogen.

Im Laufe dieser Analyse werden die Gefahren, Probleme und Schwächen des staatlichen Bildungswesens aufgezeigt. Als Alternative wird ein entstaatlichtes, freies und privates Bildungswesen vorgestellt, dessen Vorzüge nicht bloß ökonomischer, sondern auch prinzipieller Natur sind: Es geht um mehr als nur um Effizienz.

Das Buch dürfte gerade für staatlich Bedienstete, vor allem für Lehrer und Professoren, aber auch für alle, die dem Staat unkritisch und affirmativ gegenüberstehen, bestenfalls eine *mut*ige Provokation, schlimmstenfalls eine *Zumut*ung sein. Dafür ist es von Grund auf ehrlich und aus tiefster Überzeugung heraus geschrieben. Die Argumente sollen für sich sprechen.

Das Thema des Buches ist von großer Relevanz, waren oder sind doch nahezu alle Bürger, ob freiwillig oder unfreiwillig, vom staatlichen Bildungswesen betroffen. Dass diese Betroffenheit selten hinterfragt wird, ist Grund genug, um eine vom Mainstream abweichende Sichtweise zu behandeln, welche sich als konsequent libertär und anarchokapitalistisch bezeichnen lässt, aber auch von Minarchisten (Minimalstaatlern) eingenommen werden kann.

1. Der Staat und seine Entstehung

1.1 Der Staat: Wie alles begann

Wie ist der Staat eigentlich entstanden? Über die Antwort auf diese überaus wichtige Frage herrscht Uneinigkeit. Vertragstheorien, die sich in der Staatsforschung besonders großer Beliebtheit erfreuen, versuchen auf die Frage nach der Staatsentstehung eine Antwort zu geben. Sie stammen unter anderem aus den feinen Federn so prominenter Denker wie Thomas Hobbes, John Locke und Jean-Jacques Rousseau, deren Vertragstheorien im Folgenden kurz vorgestellt werden.

Thomas Hobbes und sein „Leviathan"

Thomas Hobbes, der Staatsapologet schlechthin, beschrieb in seinem monumentalen Werk „Leviathan", dass im bloßen Naturzustand „ohne eine einschränkende Macht der Zustand der Menschen [...] ein Krieg aller gegen alle" sei.[4] Schließlich sei im Naturzustand der Mensch dem Menschen ein Wolf, den es zu bändigen gelte.[5]

---

4 Vgl. Thomas Hobbes: Leviathan (1651), Stuttgart 2007, S. 115f. Thomas Hobbes (1588-1679), englischer Staatstheoretiker und Philosoph, der in seinem Werk eine Theorie des Absolutismus entwickelte und dessen „Leviathan" für freiheitlich gesinnte Menschen oft das Feindbild schlechthin ist, da er mit einem allmächtigen, die Freiheit des Menschen untergrabenden Staat assoziiert wird. Seine Theorie des Krieges aller gegen alle, des *bellum omnium contra omnes*, ist eine zentrale Prämisse seiner Staatsphilosophie. Die einschlägige Passage lautet: „*Mitbewerbung, Verteidigung* und *Ruhm* sind die drei hauptsächlichsten Anlässe, daß die Menschen uneins werden. Mitbewerbung zielt auf Herrschaft und veranlaßt Streit über Gewinn; Verteidigung hat Sicherheit zur Absicht und streitet für Wohlfahrt; Ruhm strebt nach einem guten Namen und bewirkt oft über geringfügige Dinge Uneinigkeiten [...]. Hieraus ergibt sich, daß ohne eine einschränkende Macht der Zustand der Menschen ein solcher sei, wie er zuvor beschrieben wurde, nämlich ein Krieg aller gegen alle. [...] Was mit dem Kriege aller gegen alle verbunden ist, das findet sich auch bei den Menschen, die ihre Sicherheit einzig auf ihren Verstand und auf ihre

Es bedarf demnach also einer einschränkenden Macht, die die „wilden Wolfsrudel" in Schach hält. Für Hobbes war diese einschränkende Macht der Staat, den er mit dem allmächtigen Seeungeheuer Leviathan verglich, das seinen Ursprung in der biblischen Mythologie hat. Der Staat soll laut Hobbes dazu befugt sein, naturrechtsverletzende Handlungen der Menschen nach eigenem Gutdünken zu bestrafen. Bestraft wird in den Gerichtshöfen, die es Hobbes zufolge nur dann geben kann, wenn es einen Staat gibt. Gerichtshöfe im Naturzustand sind für Hobbes hingegen undenkbar. Dies ist auch einer der Gründe, weshalb Hobbes zufolge Staaten entstanden sind:

> Die Absicht und Ursache, warum die Menschen bei all ihrem natürlichen Hang zur Freiheit und Herrschaft sich dennoch entschließen konnten, sich gewissen Anordnungen, welche die bürgerliche Gesellschaft trifft, zu unterwerfen, lag in dem Verlangen, sich selbst zu erhalten und ein bequemeres Leben zu führen; oder mit anderen Worten, aus dem elenden Zustande eines Krieges aller gegen alle gerettet zu werden. Dieser

---

körperlichen Kräfte Gründen müssen. Da findet sich kein Fleiß, weil kein Vorteil davon zu erwarten ist; es gibt keinen Ackerbau, keine Schifffahrt, keine bequemen Wohnungen, keine Werkzeuge höherer Art, keine Länderkenntnis, keine Zeitrechnung, keine Künste, keine gesellschaftlichen Verbindungen; statt dessen ein tausendfaches Elend; Furcht, gemordet zu werden, stündliche Gefahr, ein einsames, kümmerliches, rohes und kurz dauerndes Leben."
5 Vgl. Thomas Hobbes: Vom Menschen, vom Bürger (1642), Hamburg 1994, S. 59. Den berühmten Satz *homo homini lupus* („Der Mensch ist dem Menschen ein Wolf") schrieb Hobbes übrigens nicht, wie häufig angenommen, in seinem *Leviathan*, sondern in seiner Schrift *De Cive* („Vom Bürger"). Trotz seines grundsätzlich pessimistischen Menschenbildes relativierte er diesen Satz im Laufe seines Werks.
Hobbes hat dieses Zitat vom römischen Komödiendichter Titus Maccius Plautus übernommen. Dieser schrieb:„*lupus est homo homini,* non homo, quom qualis sit non novit." (zu deutsch: „Ein Wolf ist der Mensch dem Menschen, nicht ein Mensch, wenn man sich nicht kennt."). Vgl. Ugo Pagallo: Bacon, Hobbes and the homo homini deus formula, Hobbes Studies, 11/1998, S. 61-69. Vgl. Franz Hespe: Homo homini lupus – Naturzustand und Kriegszustand bei Thomas Hobbes, in: Thomas Jäger; Rasmus Beckmann (Hrsg.): Handbuch Kriegstheorien, Wiesbaden 2011, S. 178.

Zustand ist aber notwendig wegen der menschlichen Leidenschaften mit der natürlichen Freiheit so lange verbunden, als keine Gewalt da ist, welche die Leidenschaften durch Furcht vor Strafe gehörig einschränken kann und auf die Haltung der natürlichen Gesetze und der Verträge dringt.[6]

Im Naturzustand seien unter den Menschen Neid, Hass und Krieg allgegenwärtig. Für Hobbes war klar: Eintracht unter Menschen ist „ein Werk der Kunst und eine Folge der Verträge."[7] Für ein reibungsloses Funktionieren der Gesellschaft ist ein Staat notwendig, zu dem sich ein jeder vereint:

[J]eder muß alle seine Macht oder Kraft einem oder mehreren Menschen übertragen, wodurch der Willen aller gleichsam auf einen Punkt vereinigt wird, so daß dieser eine Mensch oder diese eine Gesellschaft eines jeden einzelnen Stellvertreter werde und ein jeder die Handlungen jener so betrachte, als habe er sie selbst getan, weil sie sich dem Willen und Urteil jener freiwillig unterworfen haben. Dies faßt aber noch etwas mehr in sich als Übereinstimmung und Eintracht; denn es ist eine wahre Vereinigung in einer Person und beruht auf dem Vertrage eines jeden mit einem jeden [...]. Auf diese Weise werden alle einzelnen eine Person und heißen Staat oder Gemeinwesen. So entsteht der große Leviathan oder, wenn man lieber will, der sterbliche Gott, dem wir unter dem ewigen Gott allein Frieden und Schutz zu verdanken haben.[8]

Damit sind die Rollen klar verteilt: Die Stellvertreter des Staates besitzen die höchste Gewalt, alle anderen Bürger sind hingegen Untertanen. Die Legitimation zur höchsten Gewalt erhalten die Stellvertreter des Staates durch eine Stimmenmehrheit. Unabhängig davon, ob man als Bürger einen anderen Kandidaten für den Posten des staatlichen Stellvertreters gewählt hat, hat man dem durch Stimmenmehrheit ermittelten Stellvertreter des Staates zu gehorchen:

---

6 Thomas Hobbes: Leviathan (1651), Stuttgart 2007, S. 151.
7 Ebd., S. 154.
8 Ebd., S. 155.

„Jeder von ihnen wird dadurch verpflichtet, [...] dem zu gehorchen, den die größere Anzahl gewählt hat; und er muß von der Zeit an dessen Handlungen als seine eigenen ansehen.[9]

Ist der Staat erst einmal auf diese Weise errichtet, so besitz er de facto ein Entscheidungsmonopol.

Angesichts des pessimistischen Menschenbildes, das Hobbes hatte – der Mensch ist des Menschen Wolf –, war es naiv von ihm anzunehmen, dass sich der kriegerische Naturzustand durch einen Staat und seine Stellvertreter überwinden lassen würde. Staatliche Stellvertreter sind schließlich auch nur Menschen. Die Natur eines Menschen ändert sich nicht, sobald er zu einem Stellvertreter des Staates wird. Nein, so leicht werden aus Wölfen keine Engel.

John Locke und seine „Zwei Abhandlungen über die Regierung"

John Locke hatte im Vergleich zu Thomas Hobbes ein weitaus positiveres Menschenbild. Er attestierte den Menschen durchaus die Fähigkeit moralisch zu handeln, selbst im Naturzustand. Allerdings neigen Locke zufolge Menschen dazu, ihre eigenen Interessen mit unmoralischen Handlungen durchzusetzen, obwohl ihnen das Naturgesetz vertraut und für sie nachvollziehbar ist. Den Menschen gelinge es indes nicht, sich an das ungeschriebene Naturgesetz zu halten, weshalb sie sich im Naturzustand nie sicher fühlen können. Daher war Locke der Ansicht, dass es im Interesse aller sei, den Naturzustand zu überwinden und ihn durch eine geregelte Gesellschaftsordnung zu ersetzen, in der die fundamentalen Rechte des Einzelnen gewährleistet werden. Anders als Hobbes forderte Locke jedoch nicht bedingungslose Unterwerfung und Gehorsam dem Staat gegenüber. Vielmehr muss sich der Staat seinen Zuspruch erarbeiten, indem er Leben, Freiheit und Vermögen

---

[9] Ebd., S. 156.

der Menschen schützt. Andernfalls hätten die Menschen kein Interesse, sich mit einem Gesellschaftsvertrag zu einem Staat zu vereinen.[10]

Jean-Jacques Rousseau und sein „contrat social"

Jean-Jacques Rousseau argumentierte ähnlich: Menschen schließen sich im nie sicheren Naturzustand zu einer Gemeinschaft zusammen, um so die Gefahren des Naturzustands auszumerzen und ein vorteilhafteres Leben führen zu können. Mit dem Gesellschaftsvertrag geben sie ihre natürliche Freiheit, die sie zuvor besaßen, zugunsten einer sicheren gesellschaftlichen Ordnung auf. Für Rousseau war der Gesellschaftsvertrag die Voraussetzung der menschlichen Gemeinschaft. Grundlage des Gesellschaftsvertrags ist der Gemeinwille – der *volonté générale* –, der von allen ausgeht und das Wohl aller anstrebt, weshalb es nur folgerichtig sei, dass sich alle dem Gesellschaftsvertrag und damit dem Staat unterwerfen. Wer sich dem Gemeinwillen widersetzt, muss notfalls durch den Staat zum Gemeinwillen gezwungen werden, „was nichts anderes heißt, als dass … [der Staat, T.M.F.] ihn [den sich dem Gemeinwillen widersetzenden Menschen, T.M.F.] zwingt, frei zu sein".[11]

---

[10] Vgl. John Locke: Zwei Abhandlungen über die Regierung (1689), Frankfurt am Main 1998. John Locke (1632-1704), englischer Philosoph, Vertragstheoretiker und Vordenker der Aufklärung, der vielen als „Vater des Liberalismus" gilt und mit seinen Theorien unter anderem die amerikanische Revolution maßgeblich beeinflusst hat. Auf seine Naturrechtslehre berufen sich viele Anarchokapitalisten.

[11] Jean-Jacques Rousseau: Vom Gesellschaftsvertrag oder Grundsätze des Staatsrechts (1762), Stuttgart 1977, S. 21. Jean-Jacques Rousseau (1712-1778), französischsprachiger Philosoph und Vertragstheoretiker, der als ein wichtiger Wegbereiter der französischen Revolution gilt. Es sei angemerkt, dass Rousseaus Modell aus den Erfahrungen heraus entstanden ist, die er Zeit seines Lebens in der damals noch unabhängigen Stadtrepublik Genf machte, also einer überschaubaren Welt mit weniger als 30.000 Einwohnern, die nicht mit den komplexen und riesigen Staaten von heute zu vergleichen ist. Riesenstaaterei und Massendemokratie lassen sich jedenfalls nicht mit Rousseau begründen und schönreden, wie es heutzutage indes häufig der Fall ist.

Dieser Zwang äußerte sich bei Rousseau (4. Buch, 8. Kapitel) etwa darin, dass diejenigen, die sich weigern den „contrat social" zu unterschreiben, zu verbannen sind.

Zwang zum „Freisein" – ist das nicht ein Widerspruch in sich? Jedenfalls widerspricht Zwang der Idee des freien Willens, auf der ja das Wesen des Vertrages fußt. Rousseaus „contrat social" ist so betrachtet jedenfalls weder *contrat* noch *social*.

1.2 Der Irrtum der Gesellschaftsvertragstheoretiker

Doch gründen sich Staaten – wie von den genannten Vertragstheoretikern angenommen – wirklich auf Gesellschaftsverträgen? Es scheint nur drei Möglichkeiten der Entstehung von Staaten zu geben:

1. Es gab und gibt keinen Gesellschaftsvertrag bzw. ein solcher Vertrag wurde nie unterschrieben, womit der Staat folglich auf Unfreiwilligkeit und Unterdrückung beruht.

2. Jedes Individuum hat den Gesellschaftsvertrag freiwillig unterschrieben, was tatsächlich rechtens wäre. Dies ist jedoch gewiss nicht der Fall, da allein schon jeder Mensch, der nach Inkrafttreten des Gesellschaftsvertrags geboren wurde, nicht die Möglichkeit hatte, ihn zu unterschreiben. Ein in der Vergangenheit geschlossener Vertrag kann keinesfalls für kommende Generationen bindend gelten.

3. Der Gesellschaftsvertrag beruht auf einer stillschweigenden Einwilligung aller. Auch dies ist nicht anzunehmen und leicht widerlegbar.

Offensichtlich trifft die erste Variante zu. Ein persönliches Beispiel hierzu: Ich habe weder einen Gesellschaftsvertrag freiwillig unterschrieben, geschweige denn ihn stillschweigend akzeptiert, noch wurde mir ein solcher jemals vorgelegt. Ich besitze nicht einmal die Möglichkeit, aus diesem Vertrag, der mir nie vorgelegt wurde, den ich nie

---

Vielmehr war Rousseaus Appell an das Volk ein Angriff auf die Oligarchie. Vgl. Hans-Hermann Hoppe: Demokratie. Der Gott, der keiner ist, Leipzig 2009, S. 214-216.

unterschrieb und den ich nie akzeptierte, auszutreten. Und so geht es nicht nur mir.

Selbst wenn irgendjemandem ein solcher Vertrag vorgelegt werden würde, so ist es doch schwer vorstellbar, dass irgendjemand ihn auch unterschreiben würde. Wer würde beispielsweise einen Vertrag unterschreiben, der einer Gruppe von Menschen das Privileg zugesteht, weite Teile der Bevölkerung zu entwaffnen und über alle in der Gesellschaft stattfindenden Konflikte zu entscheiden? Wer würde einen Vertrag unterschreiben, der einer Gruppe von Menschen das Privileg zugesteht, ihr Einkommen, das sie für ihre nicht durchweg nachgefragten Dienste verlangt, mit Androhung oder Ausübung von Gewalt einzutreiben? Wer würde einen Vertrag unterschreiben, der einer Gruppe von Menschen das Gewaltmonopol, das Letztentscheidungsmonopol, das Steuermonopol überträgt, wohl wissend, dass Monopole immer schlecht sind, da Monopolisten einseitig den Preis für ihre Leistungen bestimmen können, die Qualität ihrer Leistungen aber aufgrund mangelnder Konkurrenz niedriger sein wird, als wenn es freie Konkurrenz geben würde, und er den Vertrag nicht kündigen kann? Es würde sich kaum jemand finden, der einen solchen Vertrag unterschreiben würde, da klar wäre, dass man sich gegen jegliche Aggressionen, die von dieser Gruppe von Menschen ausgehen, nicht mehr wirksam wehren könnte. Nein, tatsächlich hat niemand einen solchen Vertrag mit der privilegierten Gruppe von Menschen – *dem Staat* – unterschrieben.[12]

Das wäre allerdings allein schon deshalb nötig, damit der Staat samt seines zentralen Rechtsdokuments – der Verfassung – nicht gegen die

---

[12] Vgl. Hans-Hermann Hoppe: Der Wettbewerb der Gauner. Über das Unwesen der Demokratie und den Ausweg in die Privatrechtsgesellschaft, Berlin 2012, S. 15-22, 73-88. Hans-Hermann Hoppe, deutscher Ökonom, der sich dem konservativen Libertarismus und dem Anarchokapitalismus zuordnet. Vgl. Murray Rothbard: Für eine neue Freiheit: Kritik der politischen Gewalt, Band 1: Staat und Krieg (1973), Berlin 2012, S. 49-90. Murray Rothbard (1926-1995), amerikanischer Ökonom und politischer Philosoph. Begründer und Theoretiker des *libertarian movement*. Er gilt vielen als die wohl herausragendste Persönlichkeit des Anarchokapitalismus.

allgemeinen Prinzipien des Rechts und der Vernunft verstößt, die er selbst hochhält. Diese Prinzipien besagen mit den besonders klaren Worten des herausragenden amerikanischen Anarchisten des 19. Jahrhunderts, Lysander Spooner,

> dass ein schriftliches Dokument niemand binden kann, solange die/der Betroffene es nicht unterzeichnet hat. [...] Das Recht erklärt und die Vernunft besagt, dass im Falle der Nichtunterzeichnung eines schriftlichen Dokuments zu vermuten ist, der Vertragspartner, der dadurch gebunden werden sollte, habe sich gegen die Unterzeichnung entschieden oder sich nicht binden wollen. [...] Es gäbe endlose Betrügereien und Rechtsstreitigkeiten, wenn eine Partei dem Gericht ein schriftliches Dokument ohne Unterschrift der anderen Partei vorlegen und dessen Durchsetzung verlangen könnte – einfach aus dem Grund, weil es „zu dem Zweck formuliert wurde, um von einem anderen Menschen unterschrieben zu werden", oder dass dieser andere „versprochen" hätte es zu unterzeichnen, und es also unterschreiben hätte müssen, dass er Gelegenheit gehabt hätte, es zu unterzeichnen, falls er dies wollte, dass er sich aber geweigert hatte oder es unterließ. Und doch konnte über die Verfassung niemals mehr als genau dies gesagt werden.[13]

Kein unparteiischer Richter dieser Welt würde ein Dokument, das von niemandem unterschrieben worden ist, für bindend erklären. Jeder neutrale Richter dieser Welt würde ein Dokument, das von niemandem unterschrieben und ihm dennoch zur juristischen Begutachtung vorgelegt worden ist, als unzulässig zurückweisen. Die Verfassung, auf der der Staat beruht, ist nichts anderes als ein solches Dokument. Und dennoch ist sie bindend. Nach den zuvor geschilderten Prinzipien des Rechts und der Vernunft dürfte sie jedoch keinerlei Gültigkeit haben. Wieso erkennt und hinterfragt kaum jemand diesen offensichtlichen Widerspruch?

---

[13] Lysander Spooner: Kein Landesverrat – Die Verfassung besitzt keine Autorität (1870), Bern 2004, S. 26. Lysander Spooner (1808-1887), amerikanischer Rechtsphilosoph, wichtiger Vertreter der amerikanischen individualistischen Anarchismus und Gegner der Sklaverei.

1.3 (Anarcho-)Libertäre Staatstheorie[14]

Die Frage, die sich deshalb stellt, lautet: Wie konnten Staaten entstehen und so mächtig werden, wenn niemand mit ihnen einen Vertrag eingegangen ist? Murray Rothbard lieferte hierzu eine plausible Erklärung:

> [J]eder Staat, dessen Daten verfügbar sind, entstand durch einen Prozeß von Gewalt, Eroberung und Ausbeutung, kurzum auf eine Art, […] [die] individuelle Rechte verletzte.[15]

Und Thomas Paine, einer der Gründerväter der Vereinigten Staaten von Amerika, ergänzte, dass dem Staat

> wilde Manieren oder überlegene Schlauheit den Titel des Räuberhauptmanns brachten, der durch Vermehrung seiner Macht und Ausweitung seiner Raubzüge die Ruhigen und Schutzlosen zum Kauf ihrer Sicherheit durch häufige Zahlungen einschüchterte.[16]

Das, was man heute Besteuerung nennt, ist ursprünglich und in Wirklichkeit nichts anderes als eine erzwungene Schutzgelderpressung gewesen, die von gewalttätigen und gewieften Gruppierungen auf Kosten unterlegener Gruppierungen ausging. Sie hat nichts mit einem Vertrag, einer freiwilligen Übereinkunft oder dergleichen zu tun.[17]

Die finanzielle Grundlage eines Staates erfolgt also – so hart das auch klingen mag – durch einen Akt der Gewalt und des Zwangs und nennt

---

14 Für den schnellen Einstieg in die anarcho-libertäre Staatstheorie hervorragend geeignet ist: Murray Rothbard: Anatomy of the State (1974), Auburn/Alabama 2009.

15 Murray Rothbard: Die Ethik der Freiheit (1982), Sankt Augustin 2000, S. 231.

16 Thomas Paine: Common Sense (1776), in: Philip S. Foner: The Complete Writings of Thomas Paine, New York 1945, S. 13. Thomas Paine (1736-1809), einer der Gründerväter der USA und politischer Intellektueller mit stark freiheitlichem Profil.

17 Vgl. Murray Rothbard: Die Ethik der Freiheit (1982), Sankt Augustin 2000, S. 231.

sich – beschönigend – Besteuerung oder Tribut. Der Staat droht seinen Bürgern mit Strafen, sofern diese sein Einkommen nicht auszahlen:

> ‚Besteuerung ist Diebstahl, schlicht und einfach [...]. Sie ist Zwangspfändung des Eigentums der Staatseinwohner bzw. seiner Untertanen.[18]

Staatsapologeten behaupten zwar, dass der Besteuerung Freiwilligkeit zugrunde liegt, doch

> [e]ine einfache und doch lehrreiche Widerlegung dieser Behauptung besteht darin, sich zu überlegen, was geschehen würde, wenn die Regierung die Besteuerung abschaffen und sich auf die bloße Bitte um freiwillige Beiträge beschränken würde. Glaubt irgendjemand wirklich daran, daß dem Staat irgendein Einkommen zufließen würde, das seinem jetzigen, riesigen Einkommen vergleichbar wäre?[19]

Das ist für jeden einzelnen Steuerzahler schlicht und ergreifend nicht vorstellbar und mehr als nur ein Hinweis darauf, dass der Besteuerung – dem Lebenselixier eines jeden Staates – Zwang und nicht Freiwilligkeit zugrunde liegt. Gleichwohl ist es plausibel, dass derzeit viele Menschen bereit sind, für sogenannte öffentliche Aufgaben, darunter Sicherheit, Steuern an den Staat zu entrichten, was an ihrem Charakter als Zwangsabgabe nichts ändert.

Es wird offensichtlich, wie sich Staaten gründen und ihre Macht ausbauen konnten: Geschickt agierende Gruppierungen unterdrückten den Rest der Bevölkerung, indem sie Sicherheit durch Besteuerung versprachen – das ist nicht weit entfernt von klassischer Schutzgelderpressung, wie sie im kriminellen Milieu Usus ist. Staatsgründungen sind nicht zuletzt Akte der Aggression und ihrem Wesen nach folglich kriminell, wie Murray Rothbard verdeutlichte:

---

[18] Ebd., S. 168.
[19] Ebd., S. 169.

[D]er Staat, der von der Besteuerung lebt, [ist] eine riesige kriminelle Vereinigung [...], weit größer und erfolgreicher als irgendeine „private" Mafia in der Geschichte.[20]

Auch für Franz Oppenheimer hatte der Staat ein kriminelles Wesen. So verglich er ihn mit einem Straßenräuber:

Tatsache ist, daß die Regierung wie ein Straßenräuber „Geld oder Leben" zu den Menschen sagt. Und viele, wenn nicht die meisten Steuern werden unter dem Zwang dieser Drohung gezahlt.[21]

Noch drastischer formulierte es einst Lysander Spooner, der dem Staat im Vergleich zum Räuber eine noch perfidere Moral attestierte. So sei der Räuber

nicht schamlos genug, zu verkünden, daß er lediglich ein „Beschützer" sei und anderen Menschen nur deshalb ihr Geld gegen ihren Willen wegnehme, damit er jene vernarrten Reisenden schützen kann, die glauben, sich sehr gut selbst schützen zu können, oder die sein spezielles Schutzsystem nicht schätzen ... und maßt sich nicht an, wegen des „Schutzes", den er Dir gewährt, Dein rechtmäßiger „Souverän" zu sein. Er fährt nicht fort, Dich zu „beschützen", indem er Dir befiehlt, Dich ihm zu beugen und ihm zu dienen; indem er von Dir dieses fordert und Dir jenes verbietet; indem er Dir noch mehr Geld raubt, sooft dies in seinem Interesse liegt bzw. sooft es ihm gefällt; und indem er Dich als Aufrührer, als Verräter und als Feind Deines Landes brandmarkt und Dich ohne Gnade niederschießt, wenn Du seine Autorität bestreitest oder Dich seinen Anforderungen widersetzt. ... Kurz gesagt

---

[20] Ebd., S. 172.

[21] Franz Oppenheimer: Der Staat, Berlin 1929, S. 19f. Franz Oppenheimer (1864-1943), deutscher Soziologe, Nationalökonom, Zionist und Arzt. Oppenheimer bezeichnete sich zwar als Sozialisten, seine kritische Staatstheorie wird aber dennoch gerne von Libertären rezipiert.

versucht er nicht, nachdem er Dich beraubt hat, aus Dir auch
noch seinen Narren oder seinen Sklaven zu machen.[22]

Das Erstaunliche an der kriminellen Natur des Staates ist nur, dass er, im Gegensatz zum herkömmlichen Räuber, nicht als kriminell erachtet wird. Woran das liegt, ist schnell erklärt. Der Staat entwickelt Rechtfertigungsstrategien: Er okkupiert stets diejenigen Bereiche des gesellschaftlichen Lebens, die von den meisten Menschen als nützlich und sinnvoll erachtet werden und bewirkt so eine Stärkung seines Ansehens und eine Sicherung seiner Macht. Mit der Zeit erscheint er den Menschen in allen diesen Bereichen als unverzichtbarer Bestandteil des gesellschaftlichen Zusammenlebens.[23] Ganz besonderer wichtig ist dem Staat die Okkupation des Bildungswesens. Dazu schrieb Walther Borgius:

> Die Schule ist ein raffiniertes Herrschaftsmittel des Staates,
> geschaffen …, um von Kindesbeinen an alle Staatsangehörigen
> an Gehorsam zu gewöhnen, ihnen die Suggestion von der
> Notwendigkeit des Staates in Fleisch und Blut übergehen zu

---

[22] Lysander Spooner: Kein Landesverrat – Die Verfassung besitzt keine Autorität (1870), Bern 2004, S. 22f.

[23] Es sei noch angemerkt, dass der konsequente Libertarismus – der Anarchokapitalismus – nicht nur vorherrschende Zustände kritisiert, sondern auch Lösungen zu deren Überwindung anbietet. Die Alternative zum Staat ist die Privatrechtsgesellschaft – eine Gesellschaft, in der der Erwerb und die Achtung des individuellen Eigentums das menschliche Zusammenleben ordnen. Die Privatrechtsgesellschaft ergibt ökonomisch Sinn und bietet ein ethisch konsequentes Regelwerk. Das Konzept der Privatrechtsgesellschaft wurde von libertären Denkern wie Murray Rothbard und Hans-Hermann Hoppe verfeinert (siehe dazu die im Literaturverzeichnis angegebenen Werke) und baut auf der Analyse von Gustave de Molinari auf, der feststellte, dass der freie Markt besseren Schutz und bessere Verteidigung liefern könne, als der Staat. Spätestens nach der hier empfohlenen Lektüre sollte klar werden, dass Anarchie nicht mit Chaos gleichzusetzen ist, wie es gerne suggeriert wird. Vgl. Gustave de Molinari: The Production of Security (1849), Auburn/Alabama 2009. Gustave de Molinari (1819-1912), belgischer Ökonom, der sich für Frieden und Freiheit in all ihren möglichen Formen einsetzte. Vielen gilt er als geistiger Vater des Anarchokapitalismus.

24

lassen, jede Emanzipationsidee im Keime zu lähmen, die
Entwicklung ihres Denkens in wohlgelegte Bahnen zu lenken
und sie bequem zu regierbaren, demütigen Untertanen zu
drillen.[24]

Kurzum, dem Staat dient das Bildungswesen seit jeher wesentlich zur
Sicherung seiner Macht, hingegen nicht primär zur Aufklärung der
Bevölkerung – wie in den folgenden Kapiteln erläutert wird.

---

[24] Walther Borgius: Die Schule. Ein Frevel an der Jugend (1930), Leipzig
2009, S. 9. Walther Borgius (1870-1932), deutscher Nationalökonom und
Vertreter des individualistischen Anarchismus.

2. Bildung und Staat

2.1 Das Bildungsmonopol als Machtinstrument des Staates

Francesc Ferrer – führende Persönlichkeit des spanischen Anarchismus und der Alternativschulbewegung – erkannte das Interesse des Staates, Herr über das Bildungswesen zu werden:

> Regierungen haben es immer vermocht, ihre Hand auf die Bildung der Menschen zu legen. Sie wissen besser als alle anderen, dass ihre Macht fast vollständig auf den Schulen beruht. Darum monopolisieren sie sie mehr und mehr.[25]

Der Staat war schlau genug, um zu erkennen, dass er mithilfe eines staatlichen Bildungs- und Erziehungsmonopols sein kriminelles Wesen verschleiern und seine Macht ausbauen könnte. Macht beruht zwar auch auf Zwang und Gewalt, in erster Linie aber auf der Zustimmung der Massen. Um sich diese zu sicher, schuf der Staat kurzerhand sein Bildungs- und Erziehungsmonopol.

Hierfür waren einige Maßnahmen notwendig, die es umzusetzen galt: gewinnbringende Zusammenarbeit mit meinungsbildenden Ideologen und Intellektuellen und damit einhergehend die Überzeugung der Massen von der Sinnhaftigkeit des Staates. Diesem Ziel dienten unter anderem die Indoktrination der Massen durch besagte Ideologen und Intellektuelle, die Durchsetzung der Schul- oder Bildungspflicht und die Mär vom fürsorgenden Staat, der den Massen scheinbar kostenlos Bildungsdienste anbietet und sie durch sein Berechtigungswesen vor vermeintlich ominösen, alternativen Dienstanbietern schützt.

---

[25] Francesc Ferrer: La Escuela Moderna (1908), Barcelona 2002, S. 64. Francesc Ferrer (1859-1909), spanischer Pädagoge und Anarchist. Ferrer war zwar erklärter Antikapitalist, aber auch entschiedener Gegner des Staates. Er eröffnete 1901 in Barcelona seine eigene Schule („Escuela Moderna"), die fünf Jahre später vom spanischen Staat geschlossen wurde.

2.2 Handlanger des Staates: Intellektuelle und Ideologen

Mit dem Bildungsmonopol im Rücken schaffte es der Staat, die meinungsbildenden Ideologen und Intellektuellen, die klassischerweise im Bildungs- und Erziehungsbereich tätig waren, auf seine Seite zu bringen, indem er ihnen einen gesicherten „Hafen" zur Verfügung stellte.

Da die Nachfrage nach intellektuellen Dienstleistungen ohnehin immer gering war, profitierten die Ideologen und Intellektuellen vom warmen, sicheren und dauerhaften Liegeplatz, den ihnen der Staat anbot.[26] Der wiederum profitierte von den meinungsbildenden Diensten der Ideologen und Intellektuellen, die sein kriminelles Wesen verschleierten und seine Existenzberechtigung stärkten. An diesem Mechanismus hat sich bis zum heutigen Tage im Wesentlichen nichts geändert.

Aus Sicht der Ideologen und Intellektuellen wäre es fahrlässig, breiten Bevölkerungsschichten – vom Spitzenunternehmer bis hin zum „einfachen" Arbeiter – ein staatskritisches Denken einzuprägen. Wer geht denn schon gegen seinen (womöglich einzigen) Geld„geber" vor?[27] Auf dem freien Markt wäre es vielen Ideologen und Intellektuellen wahrscheinlich schlechter ergangen – viele wären absehbar arbeitslos. Deshalb beeinflussten sie das Denken der Menschen ganz im Sinne des Staates, der ihnen Arbeit bot und sie dafür ordentlich bezahlte. Sei es in den Kindergärten, in den Schulen oder an den

---

[26] Vgl. Hans-Hermann Hoppe: Der Wettbewerb der Gauner. Über das Unwesen der Demokratie und den Ausweg in die Privatrechtsgesellschaft, Berlin 2012, S. 16. Vgl. Murray Rothbard: Die Ethik der Freiheit (1982), Sankt Augustin 2000, S. 176.

[27] Die Anführungsstriche stehen nicht grundlos dort: Da der Staat erst wem etwas nimmt, bevor er es wem „gibt", kann er schwerlich als „Geber" bezeichnet werden. Vielmehr ist der ein Umverteiler des Diebesguts, das er sich zuvor angeeignet hat.

Universitäten. Murray Rothbard fasste die Rolle der ideologischen und intellektuellen Staatsdiener wie folgt zusammen:

> Die Aufgabe der staatsorientierten Ideologen besteht darin, am Trugbild der kaiserlichen Kleider herumzuspinnen und die Öffentlichkeit davon zu überzeugen, daß mit zwei grundverschiedenen Maßstäben gemessen werden muß: daß, wenn der Staat die schlimmsten Schwerverbrechen begeht, er dies in Wirklichkeit nicht tut, sondern etwas anderes, das notwendig, einwandfrei, lebenswichtig und sogar – in früheren Zeiten – ein göttliches Gebot ist.[28]

Seit Jahrhunderten bis zur Gegenwart findet dieser Prozess nun statt. Er ist inzwischen so festgefahren und selbstverständlich, dass kaum jemand ihn mehr hinterfragt.

Einheitsbrei statt Vielfalt

Mit Hilfe seiner Ideologen und Intellektuellen gelingt es dem Staat, das Denken der Mehrheit der Menschen zu formen. Hierin unterscheidet er sich von einer gewöhnlichen kleinen Verbrecherbande oder der Mafia: Er ist darauf angewiesen, dass die Menschen in ihm eben *nicht* eine Verbrecherbande großen Stils sehen, da er sonst binnen kurzer Zeit zusammenbrechen und in der Bedeutungslosigkeit versinken würde. Daher beschäftigt er Ideologen und Intellektuelle, die sein kriminelles, zuweilen sogar verbrecherisches Wesen gesellschaftswirksam verschleiern. Viel mehr noch: Wird der Staat als Notwendigkeit, als unverzichtbarer Bestandteil gesellschaftlichen Zusammenlebens nicht mehr in Frage gestellt, so kann er noch mehr Macht und Ressourcen verwalten und weitreichender wirken.

Schon Frédéric Bastiat, der prominenteste französische Vertreter des Manchesterliberalismus im 19. Jahrhundert, erkannte das Potential eines Bildungsmonopols für den herrschenden Staat und die damit einhergehenden Gefahren für die beherrschten Menschen:

---

[28] Murray Rothbard: Die Ethik der Freiheit (1982), Sankt Augustin 2000, S. 174.

Der Staat, oder besser gesagt die Partei, die Sekte, der Mann, welcher sich augenblicklich und sogar auf ganz rechtmäßige Art und Weise des Regierungseinflusses bemächtigt, kann dem Unterricht eine Leitung geben, wie sie ihm beliebt, und alle Geister durch den Zwang zum Besuch gewisser Anstalten nach seinem Willen bilden.[29]

Und auch der bekannte Utilitarist John Stuart Mill, der staatliche Bildungseinrichtungen zwar nicht grundsätzlich ablehnte, diese aber in einem gerechten Wettbewerb mit privaten Bildungseinrichtungen sehen wollte, sah die Gefahren eines ausufernden, monopolisierten staatlichen Bildungswesens, welches die Neigung habe, die Menschen nach eigenem Gutdünken zu formen, um auf diese Weise die Macht des Staates zu stützen:

Eine allgemeine Erziehung durch den Staat ist lediglich ein Trick, um die Menschen einander genau gleich zu formen, und da die Form, in welche sie gegossen werden, so ist, wie es der herrschenden Macht in der Regierung gefällt [...], so stellt sie im Verhältnis zu ihrer Wirksamkeit und ihrem Erfolg eine Zwingherrschaft über den Geist her, die ihrer natürlichen Tendenz nach auch zu der über den Körper führt.[30]

Die Bürger sollen vom eigenständigen Denken weitestgehend abgehalten werden, um keine Gefahr für die eingesessenen Herrschaftseliten

---

[29] Frederic Bastiat: Der klassische Unterricht und der Sozialismus (1850). URL: http://bastiat.de/bastiat/klassische_studien.html (abgerufen am 15. Oktober 2013). Frédéric Bastiat (1801-1850), französischer Ökonom und Politiker, bekanntester französischer Vertreter des Manchesterliberalismus, der pointierte Schriften verfasste.

[30] John Stuart Mill: Über die Freiheit (1859), Stuttgart 2010, S. 152. John Stuart Mill (1806-1873), englischer Philosoph und Ökonom, der neben Jeremy Bentham (1748-1832) als einflussreichster Vertreter des Utilitarismus gilt. Es wäre verquer, in John Stuart Mill einen wirklichen Verfechter eines freien Bildungswesens zu sehen, da er stets der Ansicht war, dass sich privat produzierte Bildung nur innerhalb staatlich gesetzter Vorgaben abspielen solle. Da er die Gefahren des staatlichen Bildungswesens durchaus erkannte, ist diese seine Sichtweise ein wenig verwunderlich.

darzustellen. Das gelingt. Nicht die Bürger formen den Staat, sondern der Staat die Bürger. Jegliche Individualität soll unterdrückt werden. Das fängt in vielen Staaten schon mit der verpflichtenden Schuluniform an und hört bei allen Staaten mit der von ihnen aufoktroyierten standardisierten Denkweise auf. Walther Borgius beschrieb das so:

> *Stillesitzen, Maulhalten, aufs Wort gehorchen und blind glauben, was [...] der Vertreter des Staates, sagt und lehrt, - das* sind die unschätzbaren Errungenschaften, welche der vieljährige Schulbesuch der Kinder vom Erwachen ersten Denkens bis zur eigenen Erwerbsfähigkeit dem Staate einträgt.[31]

Der staatsschulische Einheitsbrei hat aus Sicht des Staates den großen Vorteil, dass Millionen an sich unterschiedliche Individuen zu einem riesigen Kollektivwesen geformt werden. Und ein riesiges Kollektivwesen lässt sich nun mal leichter lenken als Millionen von Individuen. Fortan tickt jeder Mensch wie ein Uhrwerk, ist wie ein Computer programmiert; es gibt kaum jemanden, der sich dagegen wehrt, nur ein paar übriggebliebene Querdenker und Systemgegner sind frustriert.

Es verwundert nicht, dass Einheitlichkeit und Homogenität wesentliche Eckpfeiler der Preußischen Schulreform waren, „die das Paradigma des Bildungswesens für die ganze Welt gesetzt hat" und welches bis zum heutigen Tage in sämtlichen staatlichen Bildungswesen takt- und tonangebend ist.[32] Infolgedessen werden die angepassteren Schüler und Studenten bevorzugt, während viele kritische, oft auch begabtere und

---

[31] Walther Borgius: Die Schule. Ein Frevel an der Jugend (1930). Leipzig 2009, S. 35f. Vor allem früher wurde in kirchlichen oder staatlichen Schulen oftmals auf Gewalt gesetzt, um den Schülern die Denke der Kirche oder des Staates einzuimpfen. Es wird sich etwa kaum ein Bild eines Malers aus dem 15. oder 16. Jahrhundert finden, das eine Schule zeigt, in der ein Lehrer nicht mit Rute oder Stock abgebildet ist – Stichwort „Prügelpädagogik". Heute wird kollektives Duckmäusertum in erster Linie durch das Notensystem erzeugt. Man folgt brav dem Lehrer, um ja keinen Fünfer zu riskieren. Vgl. ebd., S. 49-53.

[32] Stefan Blankertz: Pädagogik mit beschränkter Haftung, Berlin 2013, S. 22. Stefan Blankertz. deutscher Schriftsteller, Sozialwissenschaftler und konsequenter Vertreter des Anarchokapitalismus.

intelligentere Schüler und Studenten auf der Strecke bleiben. Eine wahrscheinliche Folge der Gleichmacherei ist zivilsatorischer Stillstand oder gar Rückschritt.[33]

„Vivat et res publica, et qui illam regit!"[34]

Von seinen Handlangern im Bildungswesen wird der Staat zu einem „irdischen Gott" stilisiert und von der durch ihn indoktrinierten Bevölkerung als solcher auch wahrgenommen.[35] Die Unterdrückten fangen an, sich mit ihren Unterdrückern zu identifizieren, so dass sich nicht ganz zu Unrecht von einer *etatistischen Infektion* sprechen lässt. Die etatistische Infektion ähnelt ein wenig dem aus der Psychologie bekannten Stockholm-Syndrom und ist gerade in Deutschland weit verbreitet. Im Land der Dichter und Denker, in dem der Staatsglaube eine große Tradition hat, beschrieb einst Georg Wilhelm Friedrich Hegel, der königlich-preußische Staatsphilosoph schlechthin, den Staat als „Verwirklichung der sittlichen Idee", also als höchste Ausdrucksform allen sozialen Lebens.[36] Weniger Dichten und mehr Denken wäre manchmal nicht unangebracht.

---

[33] Murray Rothbard bemerkte, dass die Vielfalt unter den Menschen Ursache und Folge des Fortschritts der menschlichen Zivilisation, Einfalt hingegen typisch für unterentwickelte, rudimentäre Gesellschaften sei. Vgl. Murray Rothbard: Education: Free & Compulsory (1971), Auburn/Alabama 1999, S. 4-9.

[34] Zu deutsch: „Es lebe auch der Staat, und wer ihn regiert Textzeile aus dem bekannten Studentenlied „Gaudeamus igitur" in der Fassung des deutschen Theologen Christian Wilhelm Kindleben (1748-1785).

[35] Vgl. Ralph Raico: Die Partei der Freiheit: Studien zur Geschichte des deutschen Liberalismus, Stuttgart 1999, S. 190. Ralph Raico, amerikanischer Historiker und Libertärer, der sich mit der Geschichte des europäischen Liberalismus befasst.

[36] Vgl. Georg Wilhelm Friedrich Hegel: Grundlinien der Philosophie des Rechts (1821), Frankfurt am Main, insbesondere §257 und §258. Georg Wilhelm Friedrich Hegel (1770-1831), deutscher Philosoph und der wohl wichtigste Vertreter des deutschen Idealismus, schrieb etwa an angegebener Stelle: „Der Staat ist als die Wirklichkeit des substantiellen Willens, die er in

Natürlich gibt es auch Ideologen und Intellektuelle, die innerlich die Agenda des Staates, für den sie arbeiten, missbilligen. Und dennoch würden sie nicht gegen ihn rebellieren, sondern ihn weiter stützen. Das liegt daran, dass sozial relevantes Verhalten materiell bestimmt ist. Kaum ein Intellektueller hätte es gewagt, im realsozialistischen Ostblock Stalin, im nationalsozialistischen Deutschland Hitler, im maoistischen China Mao Zedong, im faschistischen Italien Mussolini, oder im kommunistischen Kambodscha Pol Pot infrage zu stellen, ohne um seine materielle Lebensgrundlage oder gar um sein Leben fürchten zu müssen. Zur Vermeidung innerer Widersprüche lag es deshalb nahe, die Lehren, die man tief im Inneren verabscheute und trotzdem lehrte, eher als richtig zu „erachten". Frei nach dem Motto: Lieber ein Leben mit der Lüge, als ein Tod für die Wahrheit.[37] Denjenigen, die ihre unbequemen Ansichten nicht aufgeben und weiter äußern wollten, blieb zumeist nichts anderes übrig als das Exil oder ein gefährliches Dasein im Untergrund.

Gott sei Dank sind die gegenwärtigen Zustände von diesen Zeiten weit entfernt, doch sie können sich schnell wandeln. Solange das Bildungswesen verstaatlicht ist, besteht stets die Gefahr, dass es von der jeweils herrschenden Elite missbraucht wird. Ein Monopol lässt sich viel leichter missbrauchen als ein dezentrales System.

Der Staat, ob der frühere, der gegenwärtige oder der zukünftige, hat immer die Tendenz, mithilfe seines Bildungssystems Mission in eigener Sache zu betreiben. Die heute von Historikern und Kirchenkritikern häufig gescholtenen christlichen Missionare in den Kolonien der

---

dem zu seiner Allgemeinheit erhobenen besonderen Selbstbewußtsein hat, das an und für sich Vernünftige. Diese substantielle Einheit ist absoluter unbewegter Selbstzweck, in welchem die Freiheit zu ihrem höchsten Recht kommt, so wie dieser Endzweck das höchste Recht gegen die Einzelnen hat, deren höchste Pflicht es ist, Mitglieder des Staats zu sein."

[37] Stefan Blankertz beschreibt den Widerspruch zwischen dem Bewusstsein, etwa der Falschheit einer Lehre, und dem eigenen Verhalten, etwa der Vermittlung dieser als falsch erachteten Lehre, als von der Gesellschaft dem Individuum gegebene „krankmachende Medizin". Vgl. Stefan Blankertz: Das libertäre Manifest. Zur Neubestimmung der Klassentheorie, Berlin 2013, S. 12.

westlichen Großmächte von einst unterscheiden sich in ihren Intentionen nicht wirklich von den nahezu kritiklos hingenommenen, missionierenden staatlichen Bildungsplanern von heute. Der Vorteil der heutigen Bildungsplaner ist, dass sie mit einer weitaus größeren Macht und Professionalität ausgestattet sind.

2.3 Mit Schulpflicht und Indoktrination gegen die Langeweile

Um den Staatsglauben allen näher zu bringen, zwingt der Staat die Eltern der Kinder durch Schulpflicht und das Berechtigungswesen (auf das später eingegangen wird), sein Bildungsangebot wahrzunehmen. Kinder und Jugendliche werden durch den Schulzwang halbtägig zu „Staatseigentum".[38] In dieser Zeit verfügen die Kinder nicht über sich selbst, auch nicht ihre Eltern, sondern der Staat. Wer sich der Schulpflicht widersetzt, wird (zumindest in einigen Staaten) bestraft. Dies ist in den Worten Roland Baaders „nichts anderes als ein vom staatlichen Gewaltmonopol betriebenes Massenkidnapping [...] [der] Kinder und Jugendlichen zum Zwecke der beliebigen Indoktrination."[39]

Selbst wenn viele der in der Schule gelehrten Fächer keine indoktrinierende Wirkung zu haben scheinen, wie etwa die Naturwissenschaften oder die Mathematik, so haben diese Fächer doch eine andere, für den Staat sehr wichtige Aufgabe: Sie füllen den Stundenplan und dehnen die Schulzeit aus. Mit einem vollen Stundenplan, der viele Fächer vorsieht, die für viele Schüler weder interessant noch im späteren Leben verwertbar sind, wird der Geist der Schüler erschöpft. Ein zukünftiger Ökonom wird im Laufe seiner Schullaufbahn mit Fragen aus dem Bereich der Physik gequält, ein angehender Mathematiker muss sich in der Schule mit politischen, philosophischen,

---

[38] Dies ist dem Staat scheinbar immer noch nicht genug: Die Rufe nach Ganztagsschulen werden immer lauter.

[39] Roland Baader: Totgedacht. Warum Intellektuelle unsere Welt zerstören, Gräfelfing 2002, S. 85. Roland Baader (1940-2012), deutscher Ökonom und wortgewaltiger Publizist, der Zeit seines Lebens darum bemüht war, freiheitliches Gedankengut zu popularisieren.

religiösen oder historischen Inhalten auseinandersetzen und der Geograph von morgen plagt sich über Jahre hinweg mit fragwürdigen Interpretationen großer literarischer Werke, wie sie typisch für den Deutschunterricht sind. Würde man nun die für viele Schüler belanglosen Fächer streichen und die Schulzeit kürzen, entstünde bei vielen Schülern Langeweile. Langeweile der Schüler ist für den Staat jedoch ein nicht hinnehmbarer Zustand. Warum? Weil Langeweile das Grübeln, das Nachdenken, das Beobachten fördert, woraus sich schnell originelle Ideen entwickeln können, die die Berechtigung des Staates infrage stellen. Henry Louis Mencken merkte an:

> Alles, [was ein Staat] in einer originellen Idee sehen kann, ist potentielle Veränderung und damit ein Eingriff in seine Machtbefugnisse. Der gefährlichste Mensch für jeden Staat ist einer, der in der Lage ist, selber über die Dinge nachzudenken, ohne Rücksicht auf den bestehenden Aberglauben und Tabus. Fast unvermeidlich kommt er zu dem Schluss, dass der Staat, unter dem er lebt, unehrlich, wahnsinnig und nicht zu tolerieren sei. Wenn er ein Romantiker ist, versucht er das zu ändern. Und sogar wenn er kein Romantiker ist, neigt er sehr dazu, Unzufriedenheit unter denen zu säen, die es sind.[40]

Um allzu staatskritische Gedanken und romantisch-revolutionäre Bestrebungen und Bewegungen im Zaum zu halten, verlängert der Staat die Schulzeit, indem Fächer gelehrt werden, die für viele Schüler belanglos, nicht verwertbar und uninteressant sind, und Hausaufgaben aufgegeben werden, die den Geist der Schüler endgültig erschöpfen. Es soll bloß keine Langeweile aufkommen.[41]

Stelle Dir vor, es findet Massenkidnapping statt, und keiner merkt es.

---

[40] Henry Louis Mencken: A Mencken Crestomathy, New York 1949, S. 145. Henry Louis Mencken (1880-1956), amerikanischer Schriftsteller und Satiriker mit freiheitlicher Gesinnung und einer enormen sprachlichen Eloquenz.

[41] Der Staat setzt also nicht nur auf ideologische Indoktrination, sondern auch auf die Bekämpfung der Langeweile und Kidnapping, um das staatskritische Potential der Bevölkerung zu minimieren. Vgl. Walther Borgius: Die Schule. Ein Frevel an der Jugend (1930). Leipzig 2009, S. 117-124.

Massenkidnapping durch den Staat: Aktuelle Beispiele

Diejenigen, die es merken, werden an der kurzen Leine gehalten. Großes Aufsehen erregte etwa die Familie Schaum aus Nordhessen, die sich seit den frühen 1990er Jahren weigerte, ihre Kinder in die staatliche Schule zu schicken und sie stattdessen zuhause unterrichtete. Der Grund hierfür war eine mangelnde Identifikation der Familie mit den Zielen, Personen und Institutionen der Staatspädagogik. Mehrfach wurde die Familie zu teils recht hohen Geldstrafen verurteilt, am 16. Oktober 2013 drohte den Eltern Thomas und Marit sogar eine Verurteilung zu einer Gefängnisstrafe durch das Landgericht Kassel, die jedoch abgewendet werden konnte. Eine Strafe mussten die Eltern trotzdem zahlen – jeweils 700 Euro.[42]

Noch schlimmer erwischte es Familie Wunderlich, die sich ebenfalls seit Jahren weigerte, ihre vier Kinder der staatlichen Schule anzuvertrauen: Die Staatsgewalt entriss den Eltern Dirk und Petra ihre Kinder und schickte diese für drei Wochen in ein Heim. Die Kinder durften nur unter der Bedingung zu ihren Eltern zurückkehren, dass diese sie auf eine staatlich anerkannte Schule schicken würden. Das geschah dann auch. Als sich die Familie allerdings entschied, nach Frankreich zu ziehen, wo die Kinder nicht verpflichtet sind, eine Schule zu besuchen, entzog das Amtsgericht in Darmstadt den Eltern Teile ihres Sorgerechts und übertrug diese auf ein Kreisjugendamt. Die Behörde bestimmt fortan den Aufenthalt der Kinder und regelt deren schulische und amtliche Angelegenheiten. Damit befindet sich Familie Wunderlich faktisch in Deutschland-Haft – sie darf sich nur noch während der Schulferien frei bewegen; ein Umzug ins Ausland ist nicht

---

[42] Der Fall sorgte selbst in der Boulevardpresse für medialen Trubel, sogar die BILD-Zeitung berichtete über den Prozess. Ein staatsschulkritischer Beitrag erschien in der Internetausgabe des libertären Magazins „eigentümlich frei". Vgl. Jürgen Dudek: Höchststrafe für Bildung zuhause gefordert. In: eigentümlich frei, 16. Oktober 2013. URL: http://ef-magazin.de/2013/10/16/4578-schulpflicht-hoechststrafe-fuer-bildung-zuhause-gefordert (abgerufen am 1. Januar 2014).

möglich, das EU-weit geltende Recht auf Freizügigkeit damit ausgehebelt.

Offenbar traut der Staat den beiden Elternpaaren nicht zu, ihre Kinder
selbst bilden und für ihr Leben befähigen zu können. Die Eltern müssen
stattdessen der staatlichen Schule diese Aufgabe übertragen – die mit
Zwang durchgesetzt wird.

Schulpflicht: Pädagogisch bedenklich

Dabei ist die vom Staat verordnete Schulpflicht in mehrfacher Hinsicht pädagogisch bedenklich, wie Stefan Blankertz erläutert:

> 1. Ein Schüler, der den Inhalt oder die Methode des Unterrichts
> oder bereits die Tatsache, dass er genötigt wird, im Unterricht
> zu sitzen, ablehnt, wird nicht gut lernen. Seine Kraft und seine
> Zeit werden verschwendet.
>
> 2. Unwillige Schüler machen es notwendig, im Unterricht dis
> ziplinarische Mittel einzusetzen, die das pädagogische Konzept
> durchkreuzen und die Lerngeschwindigkeit der Schüler, die
> den Unterricht wünschen, bremsen. Dergestalt werden Kraft
> und Zeit des Lehrers sowie der Schulwilligen vergeudet.
>
> 3. Schließlich können Menschen, denen die Autonomie ver
> weigert wird, und seien es junge Menschen, schwerlich zur
> Autonomie heranwachsen.[43]

Die Kraft und die Zeit der unwilligen Schulbesucher, der Schulwilligen und der Lehrer werden durch die Schulpflicht vergeudet.
Gerade den unwilligen Schulbesuchern wird jegliche Autonomie
geraubt, da von Autonomie nur dann die Rede sein kann, wenn sie in
einem Kontext von Freiwilligkeit, und nicht in einem Kontext von
Zwang, eingebettet ist. Dies ist dem Staat jedoch ganz recht, da es ihm
so gelingt, aufmüpfigen Nachwuchs zu verhindern oder zumindest zu

---

[43] Stefan Blankertz: Pädagogik mit beschränkter Haftung, Berlin 2013, S. 41f.,
vgl. auch Paul Goodman: Das Verhängnis der Schule (1964), Frankfurt/M.
1975. Paul Goodman (1911-1972), amerikanischer Kritiker des Pflichtschulwesens und Autor wichtiger Werke zur Gestalttherapie.

vermindern. Es geht dem Staat ja bekanntlich darum, die Bürger steuern zu können und ihrem Denken und Bewusstsein seinen eigenen Stempel aufzusetzen.[44]

Gekonnte Verzerrung des Denkens der Massen

Wie erfolgreich der Staat und seine Adepten dabei vorgehen, zeigt sich etwa in der Verdrehung von Begriffen, mit denen die Unmoral der staatlichen Tätigkeiten verschleiert werden soll. Roland Baader beschrieb das so:

> Diebstahl nennen sie *Besteuerung* und *Umverteilung von Reichtum*, astronomische Geldverschwendung nennen sie *Hilfe, Förderung* und *Investition*, politische Interessendurchsetzung nennen sie *Recht*, die Versklavung junger Männer *Wehrdienst*, die Entmündigung von Eltern und Kindern bezüglich ihrer Bildungswünsche *Schulpflicht* [...], Zwangsabgaben bezeichnen sie als *Gebühren*, uferlosen Fiskalkleptokratismus als *Sozialversicherungsbeiträge*, und staatlich verordnete Lohnabzüge (also Arbeitnehmerbeiträge!) durch die Unternehmer als *Arbeitgeberbeiträge*, etc., etc.[45]

Den Worten Gustave Le Bons, wonach die Macht der Worte so groß sei, dass gut gewählte Bezeichnungen genügen, um den Menschen-

---

[44] Stefan Blankertz bezeichnet diesen Vorgang als „Sozialtechnik". Vgl. ebd., S. 42.

[45] Roland Baader: Totgedacht. Warum Intellektuelle unsere Welt zerstören, Gräfelfing 2002, S. 119. Der neueste Schrei: Die Zwangsgebühren für den öffentlichen Rundfunk werden den Beitragszahlern als *Demokratieabgabe* verkauft. Umgekehrt gelten das Enthüllen aggressiven, kriegerischen Treibens und der Spionage von Seiten des Staates als *Hochverrat*. Man denke hierbei nur an den amerikanischen Enthüller Bradley Manning, der für seine Enthüllungen zu 35 Jahren Haft verurteilt wurde. Seinem Landsmann Edward Snowden, dessen Enthüllungen Einblicke in das weltweite Überwachungs- und Spionagesystem gaben und dem in den USA eine Verurteilung droht, wurde von Russland Asyl gewährt. Dem Betreiber der Enthüllungsplattform Wikileaks, Julian Assange, wurde in der bolivianiaschen Botschaft in London politisches Asyl bewilligt. Auch ihm droht eine Verurteilung.

massen die verhasstesten Dinge annehmbar zu machen, kann man nur beipflichten.[46] Das wissen natürlich auch der Staat und seine Handlanger, weshalb sie der Bevölkerung die *Versklavung* junger Männer eben nicht als *Versklavung*, sondern als *Wehrdienst* verkaufen. *Wehrdienst* klingt harmlos, wohingegen *Versklavung* nahezu von jedem abgelehnt wird.

Von der herrschenden Klasse produzierte Denkkategorien werden von den Handlangern des Staates oft bewusst, oft aber auch unbewusst, übernommen und setzen sich in den zumeist nichtsahnenden und blind folgenden Massen durch.[47] Ein mächtigeres Herrschaftswerkzeug als die gekonnte Verzerrung des Denkens der Massen ist kaum vorstellbar, zumal selbst intelligente und gebildete Menschen in der Masse dazu neigen, ihre Kritikfähigkeit zu verlieren und affektiv zu handeln. Massensituationen haben eine psychisch ansteckende Wirkung und machen leichtgläubig. Kritische Stimmen werden immer leiser.[48] Ein wahres Dorado für jede Regierung!

---

[46] Vgl. Gustave Le Bon: Psychologie der Massen (1895), Hamburg 2014, S. 103. Gustave Le Bon (1841-1931), französischer Sozialpsychologe und Begründer der Massenpsychologie.

[47] Vgl. Hans Herbert von Arnim: Das System. Die Machenschaften der Macht, München 2001. Hans Herbert von Arnim, deutscher Verfassungsrechtler und Parteienkritiker.

[48] Diese Ansicht vertrat auch Gustave Le Bon. Le Bon beschrieb die Wirkung politischer Meinungen, Ideologien und Glaubenslehren auf Massen, etwa wie diese von den Massen aufgenommen und verbreitet werden und wie sie die Massen beeinflussen können. Le Bon beschrieb auch, wie die für die Massenbeeinflussung notwendigen Führer entstehen und welche Eigenschaften sie auszeichnen. Er bedauerte, dass es nicht die Vernunft ist, die Einfluss auf Massen ausübt, sondern stumpfer Populismus und Propaganda. Gerade im Kontext der großen Diktaturen und Katastrophen des 20. Jahrhunderts sind seine Ansichten bedeutsam. Vgl. Gustave Le Bon: Psychologie der Massen (1895), Hamburg 2014.
Einer breiten Öffentlichkeit bekannt ist Morton Rhues' Roman „The Wave" („Die Welle") aus dem Jahre 1981, in dem ein Lehrer eine scheinbar aufgeklärte Schulklasse unterrichtet. Die Schüler sind sich sicher, dass eine Mani-

Die Verzerrung des Denkens der Massen und die Verdrehung der Tatsachen fallen kaum auf. Das ist vor allem dann äußerst problematisch, wenn der Staat extreme Ziele verfolgt wie etwa Kriege. Dann entfaltet der Orwellsche Neusprech seine grausame Wirkung und die Leute fangen an zu glauben: „Krieg ist Frieden; Freiheit ist Sklaverei; Unwissenheit ist Stärke" und handeln dementsprechend.[49] Kriegstreiber

---

pulation der Massen, wie etwa während der Zeit des Nationalsozialismus in Deutschland, nicht mehr möglich ist. Der Lehrer entschließt sich, ein Experiment mit der Schulklasse durchzuführen: Er beginnt die Schulklasse für die autoritäre Gemeinschaft „Die Welle", deren Anführer er ist, zu begeistern. „Die Welle" baut auf drei aufeinanderfolgenden Prinzipien auf: 1. *Macht durch Disziplin*, 2. *Macht durch Gemeinschaft*, 3. *Macht durch Handeln*. Aus diesen Prinzipien heraus entwickelt sich eine eigendynamische Verselbstständigung: Die Schüler hören auf, Informationen, die ihnen der Lehrer/Anführer gibt, kritisch zu hinterfragen. Das selbstständige Denken setzt aus. Die Gemeinschaft steht über allem. Dies gipfelt darin, dass die Schüler, die nicht Teil der „Welle" sind, ausgestoßen werden. Als es zur offenen Gewalt gegen Nichtmitglieder kommt, wird der Lehrer vonseiten der Schulleitung gedrängt, sein Experiment, welches offensichtlich perfekt funktioniert hat, abzubrechen. In einer einberufenen Vollversammlung offenbart er den Schülern den faschistoiden Charakter der „Welle"- Er zeigt den Schülern ein Bild, auf dem Adolf Hitler zu sehen ist und macht den Schülern deutlich, dass auch sie „gute Nazis" gewesen wären. Vgl. Morton Rhue: The Wave, New York 1981.
Das bekannte Milgram-Experiment, 1961 vom amerikanischen Psychologen Stanley Milgram (1933-1984) durchgeführt, zeigte deutlich, wie wirksam die Norm des Gehorsams ist, wenn Folgsamkeit und Unterordnung belohnt werden. Milgram testete die Bereitschaft von Personen, autoritären Weisungen selbst dann Folge zu leisten, wenn diese im Widerspruch zu ihrem Gewissen stehen. Sein Ergebnis: Gehorsam ist in den meisten Fällen stärker als das Gewissen. Mehr dazu: Vgl. Stanley Milgram: Obedience to Authority: An Experimental View, New York 1974. Auf das Bildungswesen lässt sich dies wie folgt übertragen: Der Lehrer gehorcht dem Staat, der ihm vorschreibt, was er lehren soll. Im Gegenzug wird der Lehrer belohnt (mit Arbeit und Lohn). Der Schüler wiederum gehorcht dem Lehrer und sagt das, was dieser von ihm hören will. Im Gegenzug gibt es gute Noten. Auch hier gilt häufig: Gehorsam ist stärker als Gewissen.
[49] George Orwell: Nineteen Eighty-Four (1949), Fairfield 2004, S. 10. Im englischsprachigen Original lautet dieser berühmte Satz: *„War is peace;*

und mordende Soldaten brauchen so kein schlechtes Gewissen mehr zu haben, sie dienen ja bekanntlich der „guten Sache", mit der sich große Menschenmassen schnell ködern, hörig und kriegsbereit machen lassen, wie die hohe Anzahl an freiwilligen Kriegsteilnehmern in Kriegen zeigt. Dass die „gute Sache" in Wirklichkeit nur ein Irrglaube ist, wird oftmals nicht bedacht. Das blutige Register der staatlichen Gewalt im 20. Jahrhundert und die verheerenden Auswirkungen auf die Freiheit und den Frieden der Völker sollten Warnung genug sein.

2.4 Die Mär vom sozialen Ausgleich

Die Gefahr, die vom staatlichen Bildungswesen ausgeht, wird gerne übersehen, klein geredet oder totgeschwiegen. Der Großteil ist sich einig: Bildung geht nur mit und durch den Staat.

Ein beliebtes, von Handlangern des Staates und Befürwortern des staatlichen Bildungswesens häufig eingebrachtes Argument lautet, dass das staatliche Bildungswesen sozialen Ausgleich schaffe. Diese Annahme ist ein Irrtum! Nicht nur aus freiheitlicher Sicht: Der marxistische Bildungskritiker Michael Katz führte im Jahre 1968 eine Studie über die soziale Zusammensetzung der US-amerikanischen Wählerschaft und ihr Wahlverhalten durch. Er ging davon aus, dass das Wahlverhalten nicht beliebig sei, sondern dass sich in ihm sinnvolle kulturelle, ökonomische und soziale Interessen und Werte ausdrücken. Sein Ergebnis: Die obere Mittel- und die Oberschicht stimmten für eine Beibehaltung der öffentlichen Highschool, die untere Mittel- und die Unterschicht dagegen. Seine Erklärung: Während die Kinder der unteren Schichten in der Regel die Highschool nicht besuchen, müssen die unteren Schichten dennoch die Highschools, sofern sie öffentlich sind, über Steuern mitfinanzieren, was dazu führt, dass die Unterschicht

---

Freedom is slavery; Ignorance is strength". George Orwell (1903-1950), englischer Schriftsteller und Gegner des Totalitarismus.

Schuldienste, die von der Oberschicht in Anspruch genommen werden, mitfinanziert, ohne diese Dienste selbst in Anspruch zu nehmen.[50]

Stefan Blankertz nennt ein aus dem Alltag allzu gut bekanntes Beispiel:

> Der 20jährige Arbeiter finanziert den 20jährigen Studenten der Zahnmedizin. Außerdem bezahlt er mit 35 über die Krankenkassenbeiträge die hohen Rechnungen des zum Zahnarzt gewordenen 35jährigen ehemaligen Studenten.[51]

Das staatliche Bildungswesen bewirkt eine Umverteilung von unten nach oben, eine Ausbeutung der Armen, und nicht, wie häufig angenommen, einen sozialen Ausgleich.[52] Dennoch wird das staatliche Bildungswesen so wahrgenommen, als ob es eine sozial ausgleichende Wirkung haben würde. Den Adepten des Staates ist es auch hier gelungen, das Denken der Massen zu verzerren. Die eigentlichen Opfer des Bildungswesens wähnen sich fälschlicherweise als Gewinner.

Privat- und Armenschulen in Großbritannien im 19. Jahrhundert

Auch die Mär, wonach einzig der Staat dazu in der Lage sei, ärmeren Bevölkerungsschichten Bildung zu ermöglichen, lässt sich historisch leicht widerlegen. Man nehme als Beispiel hierfür nur die Privat- und Armenschulen in Großbritannien im 19. Jahrhundert. Das private, nicht-staatliche britische Bildungswesen expandierte zu Beginn des 19. Jahrhunderts enorm: Betrug der Anteil der Bevölkerung, der zur Schule ging, im Jahre 1818 noch 7%, so stieg er bis zum Jahr 1858 auf 13%, was nahezu eine Verdoppelung in einem Zeitraum von lediglich 40 Jahren bedeutete. James Bartholomew schreibt dazu:

---

[50] Michael Katz: The Irony of Early School Reform (1968), New York 2001. Michael Katz, amerikanischer Bildungskritiker und Marxist.

[51] Stefan Blankertz: Pädagogik mit beschränkter Haftung, Berlin 2013, S. 46.

[52] Vgl. Michael Katz: The Irony of Early School Reform (1968), New York 2001. Vgl. Stefan Blankertz: Pädagogik mit beschränkter Haftung, Berlin 2013, S. 51.

Das Schulwesen startete durch wie eine Rakete – und all das geschah als es noch keine staatlichen Schulen gab.[53]

Der Anteil der Kinder (etwa 5-13 Jahre alt), die zur Schule gingen, betrug 1861 praktisch 100%.[54]

Ein Beispiel für eine funktionierende Privat- und Armenschule im Großbritannien des 19. Jahrhunderts ist die von Pfarrer Richard Dawes (1793-1867) gegründete Schule in King's Somborne, einem Dorf in Hampshire mit damals etwa 1.100 Einwohnern. Pfarrer Dawes spendete aus seinem eigenen Vermögen eine beträchtliche Summe, um das Schulgebäude zu finanzieren. Der Staat gewährte ihm zudem einen Steuergeldzuschuss, hielt sich aber ansonsten zurück. Die Schule sollte sich finanziell selbst tragen können. Pfarrer Dawes „bestand darauf, dass die Eltern, von denen viele weitaus ärmer waren als die meisten aller Eltern heutzutage, alle bezahlen sollten – und zwar unverzüglich. Er war der Überzeugung, dass den Leuten das, was nichts kostet, auch nichts wert ist."[55] Die Schulgeldbeträge waren den jeweiligen finanziellen Möglichkeiten der Familien angepasst. Ärmere Eltern zahlten für ihre Kinder geringere Schulgeldbeträge, reichere Eltern hingegen zahlten entsprechend mehr. Den Eltern und ihren Kindern gefiel der Unterricht an der Schule in King's Somborne offensichtlich: Zählte die Schule anfangs 38 Schüler, so stieg die Zahl der Schüler am Ende des vierten Jahres auf 158. Private Schulen wie die von Pfarrer Dawes

---

[53] James Bartholomew: Schulbildung ohne den Staat – Privat- und Armenschulen im Grossbritannien des 19. Jahrhunderts und danach, Potsdam 2006, S. 7. James Bartholomew, britischer Schriftsteller und einst in der City of London tätig.

[54] Die Newcastle-Kommission sollte den Prozentsatz der Kinder, die im Jahre 1861 zur Schule gingen, messen. Das erstaunliche Ergebnis: 95,5%. Edwin G. West (1922-2001), Wirtschaftshistoriker und einer der besten Kenner der britischen Schulgeschichte, deckte jedoch einen statistischen Fehler bei der Erhebung durch die Newcastle-Kommission auf, demnach musste der ohnehin hohe Anteil von 95,5% auf nahezu 100% korrigiert werden. Vgl. Edwin G. West: Education and the State (1965), Indianapolis 1994, S. 181-184.

[55] James Bartholomew: Schulbildung ohne den Staat – Privat- und Armenschulen im Grossbritannien des 19. Jahrhunderts und danach, Potsdam 2006, S. 9f.

mussten die Interessen der Eltern und Kinder berücksichtigen, um nicht vom Markt zu verschwinden. Dementsprechend war der Unterricht diesen Interessen angepasst. Eine staatliche Schule hingegen hätte einen derartigen Antrieb, zumindest in einem solchen Ausmaß, nicht gehabt. Pfarrer Dawes' Schule liefert ein Paradebeispiel für eine gut funktionierende und privat geführte Schule der damaligen Zeit.[56]

Es wäre naiv anzunehmen, dass alle privat geführten Schulen solche Standards erreichten wie etwa die Schule von Pfarrer Dawes. Einen krassen Kontrast zu den besten privat geführten Schulen bildeten die sogenannten „Lumpenschulen". John Pounds (1766-1839), ein Schuster aus Portsmouth, machte sich seinerzeit große Sorgen um die allerärmsten Jungen in seiner Nachbarschaft. Er lockte sie mit heißen Kartoffeln in seine Werkstatt und brachte ihnen dort das Lesen bei, während er dabei seiner herkömmlichen Arbeit als Schuster weiterhin nachging. Landesweit entstanden unter der Leitung von Lord Shaftesbury ähnliche Initiativen. Bis 1849 gab es 82 Lumpenschulen mit etwa 8.000 Schülern, die von über 1.000 Lehrern unterrichtet wurden, von denen etwa 90% dieser Tätigkeit ehrenamtlich nachgingen. In den Jahrzehnten danach vervielfachte sich die Zahl dieser Schulen. Die Lumpenschulen erreichten zwar nie die Standards der besten privat geführten Schulen, alphabetisierten aber dennoch breite Bevölkerungsschichten und lieferten den Beweis, dass privat angebotene Bildung aus Motiven der Nächstenliebe armen Schichten sogar kostenlos angeboten werden konnte.[57]

Schulen wie die von Pfarrer Dawes, aber auch die Lumpenschulen, sorgten dafür, dass die große Masse der britischen Bevölkerung lesen und schreiben konnte, bevor der Staat sich in das Bildungswesen einmischte. Bereits im Jahre 1840 konnten 79% der Bevölkerung lesen

---

[56] Genauere Schilderungen über die Schule von Pfarrer Dawes und andere privat geführte Schulen in Großbritannien seit Beginn des 19. Jahrhunderts finden sich bei Stanley J. Curtis, Myrtle E.A. Boultwood: An Introductory History of English Education since 1800, London 1960.

[57] Vgl. Frank Smith: A History of English Elementary Education, 1760-1902. London 1931. Frank Smith (1882-1951), britischer Bildungshistoriker.

und 53% schreiben. 15 Jahre später betrug die Alphabetisierungsrate frischer Schulabgänger bereits 99%. Der Bildungsgrad der Bevölkerung nahm rasant zu.[58]

Einschnitte in diese Entwicklung, in die Vielfalt der verschiedenen Schulen und den damit verbundenen Bildungswettbewerb brachte die zunehmende Einmischung des britischen Staates in das Bildungswesen. Edward Baines, seinerzeit ein großer Kritiker der zunehmenden Verstaatlichung des britischen Bildungswesen, ahnte bereits Übles, als er schrieb, dass die Pflicht zur Erziehung vom Staat übernommen wird und die Eltern damit eine ihrer heiligsten Pflichten und Einfluss auf ihre Kinder verlieren. Auch die Übertragung der elterlichen Verantwortung auf herzlose Beamte, denen es ohnehin nur um ihr eigenes Wohl gehe, machte ihm Sorgen. Er sah in bürokratisierten Strukturen eines staatlichen Bildungswesens Schlupflöcher für Faulenzer und befürchtete in der vom Staat durchgeführten Vereinheitlichung des Bildungssystems eine Lähmung des Bildungswettbewerbs und somit auch des Fortschritts. Außerdem habe die Regierung nun die Möglichkeit, der Bildung ihre persönliche Note zu verleihen, wodurch sie die politischen und religiösen Ansichten der Menschen formen könne, was mit intellektueller Unabhängigkeit und einer freien Nation unvereinbar sei.[59]

Baines' düstere Prognose sollte Wirklichkeit werden. Der Staat durchsetzte das gesamte Bildungswesen. Schon bald verschwanden die unabhängigen Schulen, die nun vom Staat übernommen wurden. Der Bildungsgrad der Bevölkerung indes entwickelte sich nicht mehr so

---

[58] Vgl. James Bartholomew: Schulbildung ohne den Staat – Privat- und Armenschulen im Grossbritannien des 19. Jahrhunderts und danach, Potsdam 2006, S. 14.

[59] Vgl. Edward Baines: Education best promoted by perfect Freedom, not by State Endowments, London 1854. Edward Baines (1800-1890), englischer Parlamentarier, Zeitungsredakteur, Gegner der Sklaverei und des staatlichen Bildungswesens. In seinen Schriften kritisierte er den utopischen Sozialismus des Robert Owen und wandte sich gegen die protektionistischen Corn Laws.

schnell wie zuvor. Noch heutzutage beträgt der Anteil funktionaler Analphabeten unter den 16 bis 65-Jährigen in England ganze 16%.[60]

James Bartholomew fasst das Versagen staatlicher Schulbildung in Großbritannien wie folgt zusammen:

> Kurz gesagt, der Standard ist gesunken. Analphabetismus ist jetzt weit verbreitet. Es ist überraschend, dass sich das staatliche Schulwesen als so inkompetent erwiesen hat, dass es bei elfjähriger Schulpflicht noch nicht in der Lage ist, einer bedeutenden Minderheit von Erwachsenen – 20 Prozent – zumindest das Lesen beizubringen. […] Das staatliche Schulsystem war und ist ein Desaster. Es hat vergeudet, was sich bis dahin in so aufregender Weise entwickelt hat. […] Große Mengen an Geld wurden für die verschiedenen Schichten der Bürokratie verschwendet. Der Staat hat den Schulen die seiner Meinung nach richtigen Schulmethoden auferlegt – tatsächlich ziemlich armselige Methoden – und hat Innovation und Wettbewerb zwischen alternativen Methoden abgelehnt.[61]

Staatliche Einheits- und Zwangsbildung garantiert kein hohes Bildungsniveau. Ganz im Gegenteil!

Es ist ein Irrglaube anzunehmen, dass einzig und allein der Staat dazu in der Lage ist, auch breiteren ärmeren Bevölkerungsschichten Bildung anzubieten. Und es ist ein Irrglaube anzunehmen, dass breitere ärmere Bevölkerungsschichten ohne den Staat Bildung nicht nachfragen

---

[60] Vgl. Department for Education and Skills: The Skills for Life Survey, Norwich 2003.

Vom funktionalen Analphabetismus ist dann die Rede, wenn die Textebene unterschritten wird, das heißt, dass eine Person zwar in der Lage ist, einzelne Sätze zu schreiben oder zu lesen, nicht jedoch zusammenhängende, auch kürzere Texte, was eine Teilhabe am gesellschaftlichen Leben stark einschränkt.

In Deutschland beträgt der Anteil funktionaler Analphabeten unter den 18 bis 64-Jährigen 14,5%. Vgl. Anke Grotlüschen, Wibke Riekmann: leo. – Level-One Studie. Literalität von Erwachsenen auf den unteren Kompetenzniveaus, Hamburg 2011.

[61] James Bartholomew: Schulbildung ohne den Staat – Privat- und Armenschulen im Grossbritannien des 19. Jahrhunderts und danach, Potsdam 2006, S. 18.

würden. Es gab und gibt eine private, freiwillige, von staatlichen Zwängen befreite, gesellschafts- und schichtenübergreifende Nachfrage nach Bildung. Und selbst die Ärmsten der Armen sind in der Lage, Bildung zu bezahlen.[62]

Wie das britische Beispiel zeigt, ist ein privates, auch ärmeren Schichten zugängliches Bildungswesen möglich, das die Interessen der Schüler und ihrer Eltern wahrnimmt. Es ist wesentlich flexibler als ein staatsideologisches Bildungswesen, welches – im Bewusstsein seiner Monopolstellung – die schulischen Bedürfnisse der Bevölkerung den eigenen ideologischen Bedürfnissen unterordnet und dabei, gut verschleiert, eine Umverteilung von unten nach oben betreibt – die ärmeren Schichten werden ausgebeutet. Dass dies weitgehend unerkannt und unhinterfragt bleibt, ist im erheblichen Maße der Scheinkostenlosigkeit staatlicher Bildungseinrichtungen geschuldet.

2.5 Vorgegaukelte Kostenlosigkeit

Da für den Besuch staatlicher Bildungseinrichtungen keine direkten Gebühren zu entrichten sind, scheint es so, als ob der Schulbesuch nichts kosten würde. Das ist natürlich Augenauswischerei, da nichts kostenlos ist und staatliche Schulen über Steuern finanziert werden. Belastend ist dies vor allem für jene, die die Dienste staatlicher Bildungseinrichtungen nicht in Anspruch nehmen, aber dennoch gezwungen sind, für staatliche Schulen verwendete Steuergelder zu zahlen. Doppelt zahlen diejenigen, die ihre Kinder auf private Schulen schicken: Zum einen finanzieren sie gezwungenermaßen die staatlichen Schulen durch ihre Steuergelder mit, zum anderen sind sie dazu verpflichtet, Gebühren an die privaten Schulen, die sie in Anspruch

---

[62] Nachdem James Tooley in seinem Buch „The Beautiful Tree" bereits die Selbsthilfe der Armen in scheinbar gottverlassenen Gegenden der Welt beschrieben hat, wurde das Buch von Pauline Dixon „International Aid and Private Schools for the Poor" in der Times als Buch des Jahres 2013 ausgezeichnet; es ist ein wissenschaftlich untermauertes Plädoyer für private statt staatliche Schulen für die Armen.

nehmen, zu entrichten. Hierfür sind in der Regel nur die wohlhabenderen Schichten in der Lage. Stefan Blankertz schreibt dazu:

> Schulgeldfreiheit ist also weit entfernt davon, sozialen Ausgleich zu schaffen; vielmehr reserviert sie Wahlfreiheit für die Wohlhabenden.[63]

Gleichzeitig stärkt der Staat durch die Scheinkostenlosigkeit seiner Bildungsangebote sein Bildungsmonopol, da sich nur wenige Menschen alternative, private Bildungsangebote leisten können oder diese verboten sind, wie etwa in manchen Staaten der Hausunterricht. Das würde sich ändern, wenn der Zwang der steuerlichen Mitfinanzierung bei ausbleibender Inanspruchnahme des staatlichen Bildungsangebots wegfallen würde. So aber schafft es der Staat, private Bildungsanbieter, die nicht wirklich unabhängig sind, da sie umfangreichen staatlichen Vorgaben und Genehmigungen unterliegen, aber auch alternative, selbstbestimmte Bildung zurückzudrängen, abzuschaffen, oder gar zu verbieten. Die doppelten Kosten können sich nun mal nur die wenigsten leisten. Durch das Zurückdrängen privater, alternativer Bildungsangebote schwächt der Staat den Bildungswettbewerb und verringert dadurch die Kosteneffizienz, aber auch Innovationen.

Grundsätzlich gilt für staatliche Bildungsleistungen, wie auch für alle sonstigen steuerfinanzierten Dienste, dass sie übermäßig und über ihren eigentlichen Bedarf hinaus nachgefragt und in Anspruch genommen werden, da sie den Anschein erwecken, kostenlos zu sein. Wer nicht zugreift, ist der Dumme! Damit geht eine riesige Verschwendung von Steuergeldern einher, von Minderleistung ganz zu schweigen. Müsste man die genannten Bildungsleistungen am Markt kaufen und bezahlen, so wäre die Nachfrage bedeutend geringer und dem eigentlichen Bedarf angepasst. Roland Baader schrieb zu Recht, dass es keine bessere Disziplinierung gegen übermäßige Ausgaben gibt, als den jeweiligen Preis zu kennen und ihn direkt zahlen zu müssen.[64]

---

[63] Stefan Blankertz: Pädagogik mit beschränkter Haftung, Berlin 2013, S. 35.

[64] Vgl. Roland Baader: Die belogene Generation. Politisch manipuliert statt zukunftsfähig informiert, Gräfelfing 2005, S. 160. Auf die Disziplinierung

48

2.6 Berechtigungswesen

Auch das Berechtigungswesen ist ein raffiniertes Instrument des Staates, das die Bürger indirekt dazu zwingt, seine Bildungsangebote wahrzunehmen. Stefan Blankertz schreibt: „Das Berechtigungswesen regelt den Zugang zu einer Reihe von Berufen und nötigt mittelbar alle diejenigen zur Annahme der Bildungsleistung, die einen entsprechenden Beruf ausüben wollen."[65] Der Staat entscheidet, welche schulischen Qualifikationen notwendig sind, um einem Beruf nachgehen zu können, obwohl kein objektiver Zusammenhang zwischen Berufstüchtigkeit und Schulbildung zwingend nachgewiesen ist. So muss etwa ein Englischlehrer ein in diese Richtung gehendes Lehramtsstudium absolviert haben, um an einer staatlichen Schule Englisch lehren zu können, obwohl womöglich ein gebürtiger Engländer, der ein solches Studium nicht absolviert hat, der weitaus bessere Englischlehrer wäre, aber nun mal nicht die Lizenz zum Lehren hat. Der Staat schafft also durch das Berechtigungswesen Verhältnisse, die mehr oder weniger dazu zwingen, staatliche Bildungsdienste in Anspruch zu nehmen, um Chancen auf dem staatlich regulierten Arbeitsmarkt zu bekommen. Damit schlägt der Staat gleich drei Fliegen mit einer Klappe:

1. wird der Staat als verantwortungsvoll wahrgenommen, schließlich sorgt er dafür, dass zum Beispiel nur lizenzierte Ärzte, Juristen, Lehrer, Psychologen usw. usf. ihre Dienste legal ausführen dürfen, und nicht irgendwelche merkwürdigen Wunderheiler, Laien-Juristen oder Möchtegern-Lehrer. Der Staat wird zur Super Nanny, die die Menschen wie Kindergartenkinder behandelt, die es vor Dummheiten zu bewahren

---

gegen übermäßige Ausgaben durch direkte Zahlung wird später noch in dieser Arbeit eingegangen. Präsentiert werden dabei die Argumente von Arthur Seldon. Vgl. Arthur Seldon: Micro-economic Controls - Disciplining by Price, in: The Taming of Government, Institute of Economic Affairs Readings 21, London 1979. Arthur Seldon (1916-2005), britischer Ökonom, eng verbunden mit dem marktliberalen Institute of Economic Affairs.

[65] Stefan Blankertz: Pädagogik mit beschränkter Haftung, Berlin 2013, S. 34.

gilt. Aber warum sollten die Menschen nicht selbst entscheiden dürfen, von wem sie sich heilen, verteidigen oder unterrichten lassen?[66]

2. sichert sich der Staat allein schon durch das Berechtigungswesen die Unterstützung großer Teile großer Berufsstände. Er „schützt" sie vor besagter Konkurrenz. Lizenzierte Ärzte, Juristen, Lehrer, Psychologen usw. usf. brauchen sich nicht mehr vor nicht lizenzierter Konkurrenz zu fürchten, da diese vom Staat schlichtweg verboten ist und ihre Dienste höchstens noch auf dem Schwarzmarkt zu überhöhten, verzerrten Preisen anbieten kann. Allein dies ist für Vertreter staatlich „geschützter" Berufe ein gewichtiger Grund, um den Staat und seine Machenschaften nie in Frage zu stellen.

3. steigt durch das Berechtigungswesen die Dauer der Inanspruchnahme staatlicher Bildungsdienste, die bekanntlich eine manipulative Wirkung haben, wodurch bei Schülern und Studenten deren ohnehin hohe Identifikation mit dem Staat gestärkt wird. Viele von ihnen erwerben im Laufe ihrer Ausbildung bestimmte Berechtigungen und streben anschließend eine Karriere im öffentlichen Dienst an. Sie werden zu Handlangern des Staates.[67]

---

[66] Vgl. Milton Friedman: Kapitalismus und Freiheit (1962), München 2007, S. 171f. Milton Friedman (1912-2006), amerikanischer Ökonom der Chicagoer Schule und Nobelpreisträger der Wirtschaftswissenschaft, schrieb, dass die Forderung nach der Einführung eines Lizenzzwangs für bestimmte Berufsstände zumeist nicht von Menschen kommt, die in irgendeiner Weise schlechte Erfahrungen mit Vertretern eines Berufsstands gemacht haben, sondern von den Vertretern dieser Berufsstände selbst. Ist der Lizenzzwang eingeführt, hat er oftmals nicht die geringste Beziehung zur beruflichen Kompetenz.

[67] Vgl. Ernst & Young: Studentenstudie 2014. Deutsche Studenten: Werte, Ziele, Perspektiven. URL: http://www.ey.com/Publication/vwLUAssets/EY_-_Acht_von_zehn_Studenten_sind_zufrieden/$FILE/EY-studentenstudie-2014-werte-ziele-perspektiven-pr%C3%A4sentation.pdf (abgerufen am 20. Juli 2014). Laut der von Ernst & Young durchgeführten Studentenstudie 2014 ist der öffentliche Dienst für rund 30% der deutschen Studenten attraktiv für die berufliche Planung. 19% der Studenten zieht es in die Wissenschaft, 17% in die Kultur. Da beide Branchen staatlich dominiert sind, kann man getrost

Das staatliche Bildungswesen macht sich mithilfe des Berechtigungswesens unabdingbar. Das Berechtigungswesen macht eine staatlich anerkannte Schulbildung „notwendig". Die häufige Rede von der scheinbaren Chancengleichheit, die angeblich erst durch das staatliche Bildungswesen geschaffen wird, wäre ohne das staatlich festgesetzte Berechtigungswesen hinfällig. Das Berechtigungswesen zerstört eher die Chancengleichheit. Begabten, kenntnisreichen Menschen, die mit dem staatlichen Schulsystem nicht klarkommen, werden Zukunftschancen verbaut, da ihnen ein Fetzen über eine staatlich anerkannte abgeschlossene Ausbildung fehlt. Können zählt nichts, Zeugnisse zählen alles!

---

sagen, dass über 60% der deutschen Studenten mehr oder weniger direkt für den Staat arbeiten möchten.

3. Kein Aufbegehren gegen den Sta(a)tus Quo

3.1 Kein Aufstand der Massen

Alle beschriebenen Missstände müssten eigentlich genügend revolutionären Sprengstoff liefern, um das staatliche Bildungssystem abzuschaffen. Doch von einem Aufstand der Massen gegen das staatliche Bildungssystem kann wahrlich nicht die Rede sein.

Das hängt zum einen mit der bereits beschriebenen Scheinkostenlosigkeit zusammen. Die Menschen denken wirklich, dass staatliche Schulen kostenlos sind, weshalb sie allein schon aus finanziellen Beweggründen alternative Bildungsangebote ablehnen.

Der amerikanische Ökonom Timur Kuran macht außerdem die Bequemlichkeit der Menschen für ihren mangelnden Mut zum Aufstand verantwortlich. Die öffentliche Meinung wird nicht hinterfragt, weil man sonst zum Außenseiter zu werden droht und weil in vielen Staaten Strafen drohen – in manchen Diktaturen gar die Todesstrafe, in progressiveren Staaten „nur" ein Bußgeld. Auf beides verzichtet der gewöhnliche Mensch im Normalfall gerne. Außerdem kostet ein Aufstand nicht nur Mut, mitunter Geld oder gar das Leben, sondern auch Zeit. Man braucht Zeit, um sich ein fundiertes Urteil über die herrschenden Zustände, wie sie etwa im staatlichen Bildungswesen anzutreffen sind, bilden zu können. Da ist es weitaus bequemer, wenn man sich mit der herrschenden Meinung arrangiert. Und wenn das alle tun, wird das vorherrschende Meinungsbild von niemandem mehr hinterfragt, mit der Zeit zur Gewohnheit und irgendwann sogar als richtig oder sogar alternativlos erachtet. Wie man sieht, gibt es eine Menge Faktoren, die einem Aufstand der Massen entgegenstehen.[68]

---

[68] Vgl. Timur Kuran: Leben in Lüge, Tübingen 1997. Timur Kuran, amerikanischer Ökonom und Politikwissenschaftler türkischer Herkunft, mit breitem Forschungsgebiet.

3.2 Erst recht kein Aufstand der Handlanger des Staates

Ideologen, Intellektuelle, Pädagogen, Lehrer, Wissenschaftler

Weshalb die meinungsbildenden Ideologen und Intellektuellen nicht gegen das staatliche Bildungssystem vorgehen, wurde bereits ansatzweise erklärt. Sie sind vom Staat abhängig, bekommen sie doch von ihm eine gesicherte Arbeit zur Verfügung gestellt; zudem müssen sie sich nicht im Wettbewerb behaupten, was etwa auf einem freien Bildungsmarkt der Fall wäre.

Auf einem freien Bildungsmarkt, auf dem nach Leistung und Bedarf bezahlt werden würde, müssten sich die meinungsbildenden Ideologen und Intellektuellen mehr anstrengen, müssten sie mehr leisten und sich an den Bedürfnissen der Kunden (Eltern, Kindern, Schüler, Studenten) orientieren, da ihnen andernfalls eine niedrigere Bezahlung oder gar Arbeitslosigkeit drohen würde. Eine triste Aussicht, weshalb sie gegen den Ruf nach mehr Markt und weniger Staat entschieden vorgehen, mit dem Ziel, ihre Privilegien zu schützen. Das heißt allerdings nicht, dass alle staatlich bediensteten Pädagogen, Lehrer und Wissenschaftler vom staatlich monopolisierten Bildungswesen profitieren. Viele Pädagogen, Lehrer und Wissenschaftler, vor allem die fähigeren und talentierteren unter ihnen, wären auf einem freien Bildungsmarkt absehbar besser dran – sie hätten mehr Schüler und Studenten als Kunden, wären stärker gefragt und hätten dementsprechend höhere Verdienst- und Gestaltungsmöglichkeiten. Allerdings gilt es zu berücksichtigen: Nicht alle, wahrscheinlich nur wenige Pädagogen, Lehrer und Wissenschaftler sind tatsächlich fähig und talentiert.

Ist man sich seiner Unfähigkeit oder seines mangelnden Talents bewusst, ist man eher bequem, so meidet man den Wettbewerb mit fähigeren und talentierteren Mitstreitern. Für unfähige Pädagogen, Lehrer und Wissenschaftler bietet daher das staatliche Bildungswesen, mit all den Privilegien, die es ihnen zusichert – Schutz vor Konkurrenz, sichere Einkommen, hohe Pensionen usw. usf. – den idealen Arbeitsmarkt, der im Übrigen auch auf nachkommende Generationen, die in

54

großer Anzahl nach einer solchen Beschäftigung streben, eine verlockende Wirkung ausübt.

Sonstige Staatsdiener

Auch andere Staatsdiener werden das staatliche Bildungswesen kaum infrage stellen, hat es sie doch mit Kenntnissen ausgestattet, die im praktischen Alltag von den Menschen und der Privatwirtschaft nur vereinzelt gebraucht werden und ihnen dennoch eine sichere Beschäftigung im Staatsdienst ermöglichen. Wo hin mit all den Soziologen, Philosophen, Politologen, Psychologen, Germanisten, Historikern, Juristen usw. usf.? Auf Kosten der Steuerzahler und am Bedarf der Bevölkerung vorbei bildet der Staat ein Heer an Akademikern heran, für das er Karriereparadiese bietet – in der sich ständig ausdehnenden Bürokratie.[69] Die dem Staat dienenden Akademiker werden den Staat, wie und wo es nur geht, verteidigen. Was würden sie ohne ihn nur tun? Den freien Markt, den Wettbewerb verachten sie hingegen, zumal sie große Schwierigkeiten hätten, auf ihm Fuß zu fassen.

Diejenigen, für die trotz akademischem Abschluss keine Beschäftigung am staatlich regulierten Arbeitsmarkt bleibt, tröstet der Staat mit Sozialhilfe (= Schweigegeld), damit auch sie nicht rebellieren.

Roland Baader war sich sicher, dass neben den genannten Privilegien auch der Faktor Macht für so manchen staatlich bediensteten Intellektuellen eine nicht unerhebliche Rolle spielt:

> Bildung (die oft auch mit Einbildung einhergeht) impliziert fast immer auch einen Machtanspruch. Intellektuelle wollen Macht, Einfluß und Autorität ausüben, wenn nicht als politische Macht – das heißt als zwingende Herrschaft über Menschen, dann wenigstens als geistige, pädagogische und moralische Führerschaft, also belehrende Herrschaft über Menschen."[70]

---

[69] Vgl. Roland Baader: Totgedacht. Warum Intellektuelle unsere Welt zerstören, Gräfelfing 2002, S. 95.

[70] Ebd., S. 162.

Zusammenfassend könnte man sagen:

> Je größer die Massenproduktion des staatlichen Bildungs-
> wesens an Intellektuellen, die am Bedarf der Märkte vorbei
> ausgebildet werden [...], desto größer wird der Bedarf an
> staatlich-bürokratischen Positionen [...] und desto mehr wird
> die Marktfeindschaft der Intellektuellen zunehmen.[71]

Eine Privatisierung sämtlicher Lebensbereiche wäre für die Staatsdiener
hingegen eine wahre Horrorvision: „weniger hochdotierte Jobs, weniger
Aufstiegschancen, weniger Einfluß und Ansehen, weniger Sicherheit
und weniger Privilegien".[72] Das erklärt die unter Staatsdienern vorherrschende Abneigung gegen einen freien Markt, gegen Kapitalismus,
der im öffentlichen Diskurs nicht selten zum Sündenbock der Probleme
unserer Zeit stilisiert wird, obwohl unsere Zeit weit von ihm entfernt
ist.[73]

3.3 Warum Meinungsfreiheit so wichtig ist

Wie bereits gezeigt, dient das Bildungsmonopol dem Staat, um seine
Herrschaft zu stützen. Dazu gehört auch die Bekämpfung seiner Gegner
und ihrer Ansichten. Dementsprechend politisiert ist das staatliche
Bildungswesen, dem vor allem der herrschenden Meinung wider-
sprechende Minderheiten vorwerfen, ein Klima zu schaffen, das sie
mehr oder weniger zum Schweigen bringe. Setzt der Staat dann tat-

---

[71] Ebd., S. 151.

[72] Ebd., S. 147.

[73] Wir leben in einer staatlich dominierten Welt, in der das Primat der Politik
gilt. Viele Menschen ignorieren das Offensichtliche, nämlich dass wir gar nicht
in einem kapitalistischen System leben. Staatsquoten um die 50%, Steuern
en masse, Verstaatlichung vieler Bereiche, die korrupt anmutende Ver-
flechtung von Politik und Großkapital, der Staat als Mitspieler, Regulierer,
Umverteiler und Geldmonopolist: Wir leben nicht im Kapitalismus, sondern in
einem schleichenden, nepotistisch veranlagten bürokratischen Sozialismus, der
die Wirtschaft in ein Korsett einengt, welches ihr natürliches, gesundes Rück-
grat zunehmend krümmt und lähmt. Es ist absurd den Kapitalismus für die
Krisen der heutigen Zeit verantwortlich zu machen.

sächlich Denk-, Sprech- und Meinungsverbote durch, wird die so hoch gepriesene Meinungsfreiheit zu einer Farce.

Meinungsfreiheit ist ein Menschenrecht. Artikel 19 der Allgemeinen Erklärung der Menschenrechte besagt:

> Jeder hat das Recht auf Meinungsfreiheit und freie Meinungs-
> äußerung; dieses Recht schließt die Freiheit ein, Meinungen
> ungehindert anzuhängen sowie über Medien jeder Art und
> ohne Rücksicht auf Grenzen Informationen und Gedankengut
> zu suchen, zu empfangen und zu verbreiten.[74]

Dieses Recht schließt *alle* Meinungen mit ein, mögen sie noch so dumm, albern oder provokant sein. Es gilt Rosa Luxemburgs berühmter Satz: „Freiheit ist immer Freiheit der Andersdenkenden."[75]

Die aus den USA stammende Politische Korrektheit („Political Correctness") ist ein neuer Trend, der bestimmten Meinungen Andersdenkender (häufig handelt es sich hierbei um Systemgegner, Kapitalisten, Anarchisten) zugunsten einer auf „gemeinsamen" Werten aufgebauten politischen Ordnung einen Maulkorb verpassen möchte. Das nutzt dem Staat insofern, als seine Gegner an den Rand gedrängt werden und ihm so die Lenkung des Kollektivwesens erleichtert wird.

Typische Vorgehensweise dabei – „Politisch korrekter Neusprech": Anhänger bestimmter Überzeugungen, die den vorherrschenden, veröffentlichten oder gelehrten Meinungen widersprechen, werden als „rechts" gebrandmarkt, da heutzutage das politisch Böse in der rechten Ecke verortet wird. So werden Patrioten zu *Nazis*, Anhänger der freien Marktwirtschaft zu *sozialdarwinistischen Raubtierkapitalisten*,

---

[74] UN: Allgemeine Erklärung der Menschenrechte, Artikel 19, 10. Dezember 1948.

[75] Rosa Luxemburg: Die russische Revolution. Eine kritische Würdigung, Berlin 1920, S. 109. Rosa Luxemburg (1871-1919), einflussreiche Vertreterin der europäischen (vor allem der polnischen und deutschen) Arbeiterbewegung und des Marxismus, die nach der Niederschlagung des Spartakusaufstands gemeinsam mit Karl Liebknecht ermordet wurde. Mehrfach verbüßte sie aufgrund ihres Widerstands gegen die Obrigkeit Gefängnisstrafen.

Traditionalisten zu *reaktionären Frauenfeinden*, Gegner der EU und anderer Formen des Zentralismus zu *Rechtspopulisten*, Libertäre zu *Neurechten* usw. usf. Anhänger von Überzeugungen, die nicht genehm sind, die sich aber nicht so leicht in die rechte Ecke verordnen lassen können, werden mit anderen Schmähungen bedacht: Katholiken werden zu *Pädophilen* (wobei bei pädophilen Neigungen der Grünen ein Auge zugedrückt wird), Anarchisten zu *rebellischen Chaoten mit starker Neigung zur Gewalt*, kritisch denkende Menschen, die das System hinterfragen zu *Verschwörungstheoretikern*, Individualisten zu *unsolidarischen Egoisten*, Zweifler der Theorie des menschengemachten Klimawandels zu *Klimaleugnern*, Autofahrer zu *Klimakillern* usw. usf. Umgekehrt gelten Grüne und Linke als *progressiv* und die staatliche Polizei als *Freund und Helfer*. So werden im öffentlichen Diskus klare Verhältnisse geschaffen: Die Herrschenden und mit ihnen der Mainstream sind auf der Seite des Guten, alle, die ihnen widersprechen, hingegen finden sich automatisch auf der Seite des Bösen wieder.

Die Politische Korrektheit ist das Ergebnis eines staatlichen Bildungswesens, das nicht auf marktwirtschaftlichen Prinzipien aufgebaut ist. So ist davon auszugehen, dass die Nachfrage nach Politischer Korrektheit auf einem freien Bildungsmarkt nicht vorhanden oder aber verschwindend gering wäre.

Mittlerweile hat die Politische Korrektheit längst auch den europäischen Raum, vor allem die Universitäten, erobert. Gérard Bökenkamp beschreibt die Politische Korrektheit als eine Form von Sprach- und Verhaltenskodex, die „als der Versuch verstanden werden [kann], Sprache und Verhalten neuen Regeln zu unterwerfen, um tatsächlichen oder angeblichen Rassismus, Chauvinismus, Sexismus oder auch unliebsame politische Strömungen zu bekämpfen."[76] In der Praxis ergibt sich dadurch folgender Konflikt: „Die Anhänger einer bestimmten Moral und Gesellschaftspolitik wollen verhindern oder erschweren, dass bestimmte Ansichten und Forschungen, die diesen Vorstellungen

---

[76] Gérard Bökenkamp: Das Grundrecht auf Meinungsfreiheit und Political Correctness im Spannungsfeld, Berlin 2013, S. 5. Gérard Bökenkamp, deutscher Historiker.

58

zuwider laufen, sanktionslos geäußert werden können."[77] Böse Zungen sprechen bei dieser Form des politisch gefärbten Moralismus von einem „Meinungsdiktat", der das Grundrecht auf Meinungsfreiheit untergräbt.

Vergiftung des gesellschaftlichen Klimas

Politische Korrektheit wird allerdings erst dann zum Problem, wenn sie über das bloße politische Moralisieren hinausgeht. Das geschieht, sobald sie zu einem gesamtgesellschaftlichen, für alle und jeden verbindlichen Regelkatalog gemacht wird, so dass unliebsame Meinungen nicht mehr zugelassen und sanktioniert werden, mit dem Ziel, den gesamten öffentlichen Raum nach eigenem Gutdünken zu vereinheitlichen. Aufgehoben wird dadurch zugleich der gesellschaftliche Pluralismus und damit die Grundlage der freien und öffentlichen Erörterung, und schließlich die Meinungsfreiheit selbst. Unliebsame, politisch nicht korrekte Meinungen und deren Äußerungen können auf dem Wege der Gewalt und Nötigung unterbunden und bestimmte Sprach- und Verhaltensnormen durchgesetzt werden. Dazu ist einzig der Staat in der Lage. Und er macht von dieser Möglichkeit Gebrauch, etwa durch rechtliche Sanktion und Zensur bestimmter Meinungen, Benachteiligung unliebsamer und einseitige Förderung genehmer Meinungen (etwa durch Kampagnen, Postenbesetzung in den öffentlich-rechtlichen Medien, Universitäten, Schulen), physische Übergriffe auf unliebsame Andersdenkende, aber auch durch ein gesellschaftliches Klima, in dem die Äußerung von der Mehrheitsmeinung grundsätzlich abweichender Positionen mit existentiellen Risiken oder sozialer Isolation verbunden ist.[78] Für den Staat hat das den Vorteil, dass sich viele seiner Kritiker und Gegner nicht mehr trauen, öffentlich gegen ihn das Wort zu ergreifen. Seine Macht wächst!

---

[77] Ebd., S. 8.
[78] Vgl. ebd., S. 10.

Gefahren für die Bildung und die Forschung

Durch den zunehmenden Einfluss der Politischen Korrektheit ergeben sich gerade in Bezug auf das Bildungs- und Forschungswesen einige weitreichende Probleme. Gérard Bökenkamp schreibt dazu:

> Wenn Politische Korrektheit den Rahmen abgibt, in dem überhaupt gedacht und geforscht werden darf, dann erfüllt die Forschung nur noch die Aufgabe der Bestätigung und Legitimierung ohnehin nicht mehr hinterfragbarer Wahrheiten.[79]

Dabei ist es doch seit eh und je eine der wichtigsten Aufgaben der Forschung, vorherrschende „Wahrheiten" zu hinterfragen. Wird der Forschung das Hinterfragen verboten, so verliert sie ihren ureigensten Zweck.

Das heliozentrische Weltbild des Kopernikus widersprach seinerzeit dem vorherrschenden geozentrischen Weltbild, ebenso wie Darwins Erkenntnis, wonach Menschen und Affen einen gemeinsamen Vorfahren besitzen, der damals vorherrschenden Schöpfungslehre der katholischen Kirche widersprach. Die Lehren von Kopernikus und Darwin, die zu Lebzeiten, wenn man so will, „politisch nicht korrekte" Außenseiterpositionen vertraten, gelten aus heutiger Sicht als bahnbrechende Erkenntnisse der Wissenschaft. Und dennoch drohten und drohen viele solcher Erkenntnisse im Keime zu ersticken, da sie den kaum hinterfragbaren Ansichten der herrschenden Institutionen – früher etwa denen der Kirche, heute denen des Staates – widersprachen bzw. widersprechen.

Gerade deshalb ist die Freiheit der Lehre und Forschung so wichtig. Sie ist die Triebfeder für den Forschergeist. Wird der Forschergeist allerdings durch vorherrschende und nicht hinterfragbare Ansichten eingeengt, die vom Staat vorgegeben und von den Missionaren der Politischen Korrektheit gepredigt werden, so bleibt der wissenschaftliche Erkenntnisfortschritt auf der Strecke.

---

[79] Ebd., S. 11.

Dieser Zustand ist in vielen wissenschaftlichen Disziplinen längst erreicht, vor allem in den stark politisierten Geistes- und Sozialwissenschaften, und vergiftet das wissenschaftliche Klima zunehmend. Das zeigt sich vor allem im Umgang mit unbequemen Professoren, die sich auch mal außerhalb des vom Staat und der Politischen Korrektheit vorgegebenen Rahmens bewegen, Sie drohen zu Schandpfahl-Opfern zu werden.[80]

---

[80] Aufsehen erregte zum Beispiel die geplante Gastprofessur des israelischen Militärhistorikers Martin van Creveld im Oktober 2011 an der Universität Trier. Politisierte linke Studentengruppen warfen van Creveld Frauenfeindlichkeit, Militarismus und Israelfeindlichkeit vor. Gerade Letzteres ist absurd, zumal van Creveld ein israelischer Patriot ist. Es ist daher offensichtlich, dass der Vorwurf der Israelfeindlichkeit einzig dem sozialen Totschlag van Crevelds dienen sollte. Die Universitätsleitung beugte sich dem Druck des linken Mobs und trennte sich umgehend von van Creveld.
Ein Vortrag der wegen ihrer Vertriebenenpolitik sehr umstrittenen CDU-Politikerin Erika Steinbach an der Universität Potsdam im Sommer 2008 endete in einer wüsten Saalschlacht, da die randalierende Studentenschar mit Steinbachs Thesen zur Vertriebenenproblematik nicht einverstanden war. Die Universitätsleitung solidarisierte sich anschließend mit den Studenten.
Ganz oben auf der Most-Wanted-Liste der Gralshüter der Politischen Korrektheit dürfte allerdings Thilo Sarrazin stehen, der nach Erscheinen seines provokanten Bestsellers „Deutschland schafft sich ab" unter massivem öffentlichen Druck stand.
Während Sarrazin trotz seiner kontroversen Ansichten regelmäßig als Gast in allen möglichen Talkshows auftritt, bleibt Akif Pirincci diese Möglichkeit nahezu gänzlich verwehrt. Sein Bestseller „Deutschland von Sinnen" (auf Amazon lange Zeit auf Rang 1 der Bestsellerliste) ist ein politisch unkorrektes Bombardement: Pirincci rechnet vor allem mit linksgrüner Politik, dem seiner Meinung nach sich aggressiv ausbreitendem Islam, der Gleichschaltung in den öffentlich-rechtlichen Medien, dem Kult um Homosexualität, dem Feminismus und dem Gender Mainstreaming ab. Obwohl das Buch schon kurz nach dem Verkaufsstart ein Kassenschlager war, wurde Pirincci aus allen Talkshows, mit denen er Vorgespräche geführt hatte, wieder ausgeladen. Nur einmal ließ man ihm im Fernsehen zu Wort kommen, wenn auch nur in zensierter Fassung.
Wegen einer Schmähschrift, die zwei Zuspitzungen in satirischer Manier gegen Monika Sieverding (Universität Heidelberg) und eine ihrer Veröffentlichungen

aus dem Bereich der Gender Studies enthielt, wurde Pirincci zu einer Geldstrafe von 4.000 Euro verurteilt – eine Strafe, die sich zwar nicht mit den Prinzipien der Meinungsfreiheit, dafür aber mit dem „Europäischen Rahmenstatut zur Förderung der Toleranz" in Einklang bringen lässt. Das besagte Statut sieht vor, dass die EU „konkrete Maßnahmen" ergreift, um unter anderem Anti-Feminismus zu „eliminieren".

In Österreich sind ähnliche Entwicklungen zu beobachten. Vorlesungen des an der Universität Wien tätigen Historikers Lothar Höbelt, der aus seiner Sympathie zum vom akademischen Milieu wenig geschätzten Dritten Lager, insbesondere zur einstigen Haider-FPÖ, nie einen Hehl machte, wurden von linken Studenten gestürmt. Dass Höbelt seine Sympathie zum Dritten Lager nicht mal im Ansatz in seine Vorlesungen einfließen ließ, war den stürmenden Studentenhorden egal. Aber auch „rechte" Studenten werden zunehmend Opfer derartiger Anfeindungen. Unlängst tauchten in Gebäuden der Universität Wien Flugzettel auf, die Studenten aus dem burschenschaftlichen und identitären Milieu an den Pranger stellten.

Studenten, die in ihren schriftlichen Arbeiten auf geschlechtersensible Sprache etwa aus Gründen der sprachstilistischen Eleganz verzichten, drohen indes Sanktionen in Form schlechterer Benotungen. Hier regt sich immerhin Widerstand. In einem 2014 veröffentlichten offenen Brief an das österreichische Bildungs- und Frauenministerium und an das Wissenschaftsministerium fordern österreichische Sprachkritiker – darunter die Philosophen Konrad Paul Liessmann und Peter Kampits, der Mathematiker Rudolf Taschner, der Verfassungsrechtler Heinz Mayer und viele mehr – eine „Rückkehr zur sprachlichen Normalität", die „dem Wildwuchs durch das sprachliche 'Gendern'" Einhalt gebieten soll. Unter den Unterzeichnern des offenen Briefes finden sich auch viele Frauen.

Auch außerhalb des universitären, wissenschaftlichen Milieus hinterlässt die Politische Korrektheit bereits deutliche Spuren: Die patriotisch gesinnte südtirolerische Band „Frei.Wild" wurde im Jahre 2013 von der Deutschen Phono-Akademie für den Musikpreis „Echo" nominiert. Nach Protesten und Boykottandrohungen politisch links stehender Bands wie „MIA.", „Kraftklub" und den „Ärzten" zogen die Verantwortlichen der Deutschen Phono-Akademie ihre Nominierung zurück.

Und auch vor dem Sport macht die Politische Korrektheit nicht Halt. Man denke nur an die deutsche Ruderin Nadja Drygalla, die nach Beschluss des Deutschen Olympischen Sportbundes (DOSP) die in London stattgefundenen Olympischen Spiele 2012 verlassen musste, weil ihr Lebensgefährte ein

Unter solchen Voraussetzungen kann von einer Freiheit der Bildung und Forschung nicht mehr die Rede sein. Eine Meinungsdiktatur hält schrittweise Einzug. Sie droht in letzter Konsequenz zur politischen Diktatur zu werden: „Wer die Menschen zum Schweigen zwingt, zwingt sie zum Lügen. Und wo die Lüge einkehrt, verschwindet die Freiheit."[81]

Die Schaffung eines Klimas, in der jede Meinung frei geäußert werden kann, ist notwendig. Es darf keinen Nationalsozialismus geben, der den Juden ins Konzentrationslager schickt; es darf keinen Kommunismus geben, der den Kapitalisten ins Gulag schickt; oder wie zu Zeiten Pol Pots und der Roten Khmer in Kambodscha den Intellektuellen und Brillenträger als überflüssig und unerwünscht erachtet und beseitigt; und es darf auch kein politisiertes Bildungswesen geben, das im Namen der Politischen Korrektheit ein gesellschaftliches Klima schafft, in dem Anhänger unbequemer Minderheitsansichten öffentlich an den Pranger gestellt, sozial isoliert, existentiell bedroht, physisch und psychisch angegriffen oder durch eine „politisch korrigierte" Rechtsprechung rechtlich sanktioniert werden.

Das staatliche Bildungswesen dient dem Staat nicht nur dazu, seine Macht etwa durch bewusste Bildungspropaganda und Massenmanipulation zu zementieren, sondern auch seine systemkritischen Gegner

---

NPD-Funktionär war. Wohlgemerkt: Ihr Freund, nicht sie. Politische Korrektheit als eine Form „moderner Sippenhaft".
Zu den Fällen van Creveld und Steinbach vgl. Henning Lindhoff: Forschung im Zeitgeist, in: eigentümlich frei, 1/2013, Jg. 16, Nr. 129, S. 28-31. Zu van Creveld außerdem vgl. André F. Lichtschlag: Jüdischer Professor von der Lehre entbunden, in: eigentümlich frei, 10/2011, Jg. 14, Nr. 118, S. 24f. Lichtschlag ist Chefredakteur, Henning Lindhoff stellvertretender Chefredakteur des konservativ-libertären Magazins „eigentümlich frei". Zum „ Europäischen Rahmenstatut zur Förderung der Toleranz" vgl. European Council on Tolerance and Reconciliation: European Framework National Statute for the Promotion of Tolerance, Heidelberg 2011, S. 3.
81 Roland Baader: Totgedacht. Warum Intellektuelle unsere Welt zerstören, Gräfelfing 2002, S. 225.

in Schach zu halten. Die Politische Korrektheit ist hierfür ein probates Mittel. Im Sinne der Staatsraison wird das Bildungswesen politisiert.

Diese Politisierung des Bildungswesens durch den Staat ist Unrecht und sehr gefährlich, weshalb sie ihm zu entziehen ist. Stattdessen müssen Bildung und Forschung als Wettbewerb gedacht werden – als Wettbewerb der Ideen. Nur dann ist Fortschritt möglich. Die Politische Korrektheit hemmt diesen Fortschritt, wie Gérard Bökenkamp schlüssig aufzeigt:[82]

---

[82] Gérard Bökenkamp: Das Grundrecht auf Meinungsfreiheit und Political Correctness im Spannungsfeld, Berlin 2013, S. 13.

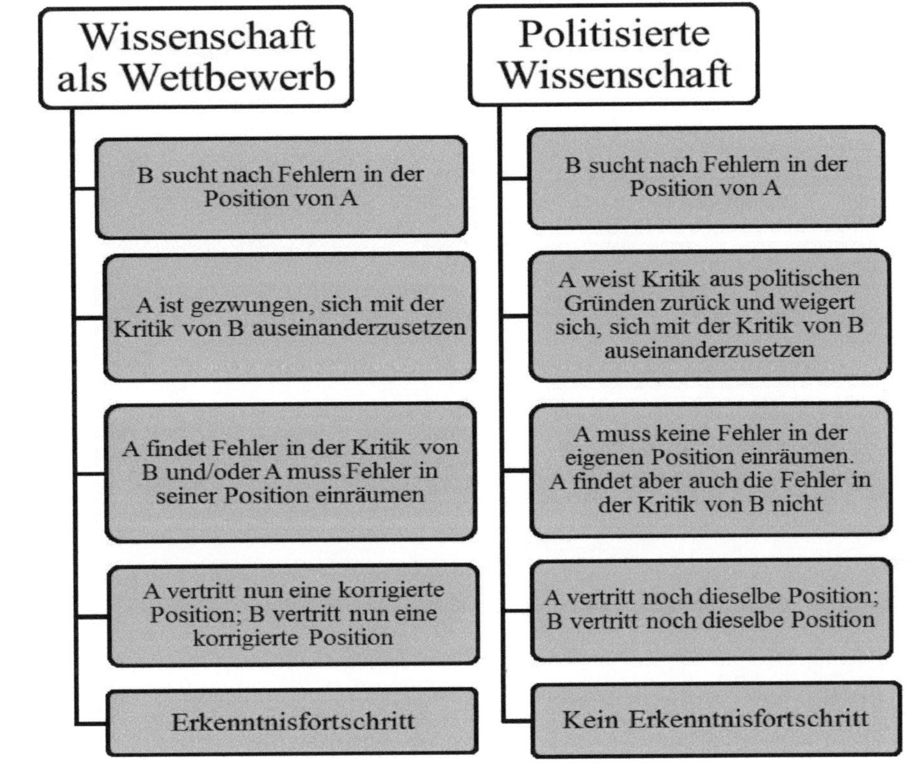

A = Wissenschaftliche Mehrheitsposition, B = Wissenschaftliche Minderheitsposition

4. Bildung auf dem freien Markt

4.1 Die Vorzüge eines freien Bildungswesens

Private Bildungseinrichtungen würden auf dem freien Markt nach Gewinn streben. Viele Menschen würden ein solches Gewinnstreben, gerade im Bildungswesen, als anrüchig erachten. Ein häufiger Vorwurf würde lauten, dass die profitgierigen privaten Bildungsanbieter nun die Richtung in puncto Bildung vorgeben würden und sich die armen Kunden dem zu fügen hätten. Das Gegenteil ist aber der Fall. Es stimmt zwar, dass die privaten Bildungsanbieter dann am Ruder sitzen und das Schiff des Bildungswesens steuern würden. Die Richtung würden jedoch die Kunden vorgeben. Die privaten Bildungsanbieter wären die Steuermänner des Bildungswesens, die Kunden aber seine Kapitäne. Sie würden in einem freien Bildungswesen bestimmen, wo es langgeht. Sie würden bestimmen, in welche Schulen oder Universitäten sie sich oder ihre Kinder schicken und was dort wie gelehrt werden würde, da die privaten Bildungsanbieter aufgrund ihres Gewinnmotivs gezwungen wären, den Wünschen ihrer Kunden nachzukommen.[83] Während sich ein freies Bildungswesen an den Bedürfnissen seiner Kunden orientiert, dient das staatliche Bildungswesen in erster Linie den Interessen der gerade herrschenden Klasse.

James Tooley benennt einige Vorzüge eines nach Gewinn strebenden privaten Bildungswesens, welche im Folgenden vorgestellt, erläutert und ergänzt werden.

Erster Vorzug: Expansion verbessert Bildungschancen

Es ist bekannt, dass es im gegenwärtigen staatlichen Bildungswesen von der Grundschule bis zur Hochschule bessere Schulen gibt, die lange

---

[83] Vgl. Ludwig von Mises: Die Bürokratie (1944). Sankt Augustin 2004, S. 37f. Ludwig von Mises (1881-1973), österreichisch-amerikanischer Theoretiker des Libertarismus und herausragender Vertreter der Österreichischen Schule der Ökonomie.

Wartelisten haben und Bewerber abweisen, welche sich dann mit der Mittelmäßigkeit der anderen Schulen zufrieden geben müssen. James Tooley stellt daher die Frage: „Welches andere Unternehmen würde potentielle Kunden so behandeln?"[84] Nur ein staatliches! Ein privates Unternehmen würde sich so etwas nicht leisten. Es würde vielmehr aus Eigeninteresse die Bedürfnisse der potentiellen Kunden zu befriedigen versuchen, also die guten und nachgefragten Schulen reproduzieren und auf diese Weise die Bildungschancen vieler benachteiligter Kinder, die im starren staatlichen Bildungssystem keine gute Schule besuchen konnten, stark verbessern.

Zweiter Vorzug: Qualitätskontrolle auf Bildungsbedürfnisse ausgerichtet

Möchte sich eine private Bildungseinrichtung auf dem freien Markt behaupten, müssen potentielle Kunden, also die Eltern und die Kinder, sichere Informationen bezüglich der Qualität der privaten Bildungseinrichtung bekommen. Bei einem staatlichen Bildungswesen ist es hingegen nahezu unmöglich, sichere Informationen bezüglich der Qualität der jeweiligen Bildungseinrichtungen zu gewinnen:

> Die heutige Regierung denkt genauso wie ihre Vorgänger, dass die einzige Möglichkeit, diese Sicherheit zu erlangen, in einem sehr teuren schwerfälligen Apparat aus staatlichem Curriculum, staatlichen Testverfahren, staatlichen Inspektionen, staatlichen Lehrzielen und staatlichen Ranglisten besteht. Das Problem dieser staatlichen Kontrollinstrumente ist aber, dass sie politisiert werden. So wird zum Beispiel bei der Auswahl der Testmethoden weniger darauf geachtet, wie gut sie funktionieren und wie gut sie helfen, die Standards zu erhöhen, sondern vielmehr darauf, ob sie politisch gerade opportun sind. In ähnlicher Weise beruhen politisch korrekte

---

[84] James Tooley: Should the private sector benefit from Education? The seven Virtues of highly effective markets, in: Libertarian Alliance, Educational Notes No. 31, London 1999, S. 1. James Tooley, englischer Professor für Bildungspolitik, der sich in seiner Forschungsarbeit für eine weltweite Privatisierung des Bildungswesens einsetzt.

Inspektionsmethoden auf Subjektivität und leerem Geschwätz. So können sich mittelmäßige Schulen in ihre Mittelmäßigkeit fügen und immer die zentralen oder lokalen Behörden sowie die Kinder in den Klassen dafür verantwortlich machen, ohne sich um ihre eigene Inkompetenz zu kümmern.[85]

In einem privaten, nach Gewinn strebenden Bildungswesen ist eine solche „Qualitätskontrolle" nicht möglich. Hier müssen die Bildungseinrichtungen qualitativ hochwertige Bildung anbieten, um sich auf dem Markt behaupten zu können. Dementsprechend sind sie dazu gezwungen, mit passenden Methoden zur Qualitätskontrolle zu arbeiten, um im Wettbewerb ihren Standard heben und den Bedürfnissen potentieller Kunden gerecht werden zu können.

Dritter Vorzug: Informationsprobleme durch Markennamen gelöst

Häufig wird behauptet, dass Kunden von Bildungsanbietern unter dem sogenannten Informationsproblem leiden würden, da sie nicht wissen, was qualitativ hochwertige Bildung ausmacht. Infolgedessen würden sie leicht zu Opfern gewiefter Geschäftemacher. Aus diesem Grunde bekennen sich Staatsapologeten zu einem staatlich organisierten Bildungswesen. James Tooley widerlegt diese Sichtweise mit einem Beispiel aus dem Alltag:

> Ich habe [...] keine Ahnung von Notebooks und war dennoch in der Lage, ein hochwertiges Gerät zu kaufen, ohne dass irgendjemand aus meiner Unkenntnis Gewinn gezogen hätte. Wie? Ich habe mich an den Markennamen orientiert. Wir wissen, dass die Reputation eines Unternehmens von überragender Bedeutung ist. Das Unternehmen weiß, dass einige seiner Kunden gut informiert sind und es nicht das Risiko eingehen kann, dass ich einer von diesen bin.[86]

---

[85] James Tooley: Should the private sector benefit from Education? The seven Virtues of highly effective markets, in: Libertarian Alliance, Educational Notes No. 31, London 1999, S. 2.
[86] Ebd., S. 3.

Man kann sich zum Beispiel ein Macbook von Apple zulegen, da Apple als Unternehmen mit hoher Reputation mit großer Wahrscheinlichkeit ein qualitativ hochwertiges Produkt hergestellt hat. Und genau nach diesem Prinzip könnten sich auch private Bildungseinrichtungen zu echten Marken mit hoher Reputation entwickeln. Beispiele für solche Bildungseinrichtungen gibt es bereits, etwa „Damelin" und „Educor" in Südafrika, „UNIP-Objetivo", „COC" oder „Pitagoras" in Brasilien, „NIIT" in Indien oder die weltweit anzutreffenden „Berlitz"-Sprachschulen. Das Informationsproblem lässt sich auf diese Weise lösen. Das ist ein entscheidender Vorteil im Vergleich zum staatlichen Bildungswesen.

Vierter Vorzug: Forschung und Entwicklung optimieren Bildung und Pädagogik

Haben bestimmte Bildungsanbieter Erfolge erzielt, so regen sie dadurch andere an, in den Markt einzusteigen. Auf diese Weise wird der Wettbewerb angekurbelt, was zu einem weiteren Vorzug führt, nämlich zur Notwendigkeit von Forschung und Entwicklung. Bildungsanbieter werden in einem verstärkten Wettbewerb auch verstärkt in Forschung und Entwicklung investieren müssen, um sich verbessern zu können. Tun sie das nicht, müssen sie davon ausgehen, dass sie von den anderen Wettbewerbern überholt werden und sogar vom Markt verschwinden. Das Prinzip ist ganz einfach: „Wenn unser Unternehmen nicht herausfindet, welche die besten pädagogischen Konzepte sind, wird das ein Wettbewerber tun und die Eltern und die Schüler könnten sich abwenden."[87] Der Wettbewerb entfaltet seine innovative Kraft.

Ist das Bildungswesen hingegen durch den Staat monopolisiert, so fällt auch die innovative Kraft des Wettbewerbs weg. Wo es keinen Wettbewerb gibt und Bildungsstandards kanonisiert werden, dort sind auch Hang und Zwang zur Innovation kaum vorhanden.

---

[87] James Tooley: Should the private sector benefit from Education? The seven Virtues of highly effective markets, in: Libertarian Alliance, Educational Notes No. 31, London 1999, S. 1.

Außerdem neigt das staatliche Bildungswesen, getreu seiner preußischen Tradition, zur Vereinheitlichung der Lehre, der Lehrer und der Lernenden. Der Staat gibt vor, was zu lehren und was zu lernen ist. In der Minderheit befindliche Querdenker haben sich dem zu fügen. Ludwig von Mises erkannte die Gefahren eines solchen Bildungswesens:

> Aller Fortschritt der Menschheit vollzog sich stets in der Weise, daß eine kleine Minderheit von den Ideen und Gebräuchen der Mehrheit abzuweichen begann, bis schließlich ihr Beispiel die anderen zur Übernahme der Neuerung bewog. Wenn man der Mehrheit das Recht gibt, der Minderheit vorzuschreiben, was sie denken, lesen und tun soll, dann unterbindet man ein für alle Male den Fortschritt.[88]

Viele Fortschritte in der Wissenschaft verdanken wir leidenschaftlichen, von der vorherrschenden (Staats-)Lehre abweichenden Querdenkern und sie würden nie zutage treten, wenn sich eben jene Querdenker strikt an der vorherrschenden, vom Staat und der Mehrheit oder (früher) auch von der Kirche getragenen Meinung, Methode und „Wahrheit" halten würden. Paul Feyerabend schrieb, es sei anzunehmen,

> dass Ereignisse und Entwicklungen wie etwa [...] die Kopernikanische Revolution [...] nur deshalb stattfanden, weil einige Denker sich entweder entschlossen, nicht an gewisse „selbstverständliche" methodologische Regeln gebunden zu sein, oder weil sie solche Regeln unbewusst verletzten.[89]

Angenommen, Kopernikus hätte sich den Ansichten der damals auch in Bildungsfragen noch viel mächtigeren Kirche gebeugt, so hätten womöglich viele Menschen noch lange Zeit nach seinem Tod die Erde für eine Scheibe halten. Zugleich wissen wir nicht, wie viele Genies

---

[88] Ludwig von Mises: Liberalismus, Stuttgart und Jena 1927, S. 48.

[89] Paul Feyerabend: Wider den Methodenzwang (1976), Frankfurt am Main 1995, S. 21. Paul Feyerabend (1924-1994), österreichischer Philosoph und Wissenschaftstheoretiker, der vor allem durch seinen wissenschaftstheoretischen Anarchismus bekannt wurde.

vom Schlag eines Kopernikus die Welt der Wissenschaft bereichert hätten, wenn sie sich nicht den bereits damals machtvollen Strukturen im Bildungswesen hätten unterwerfen müssen. Ein wirklich freies, auf Wettbewerb setzendes Bildungswesen bringt überall und zu jeder Zeit mehr Genies und viel mehr Talente zur Entfaltung.

Fünfter Vorzug: Angemessene Bezahlung und gute Auslastung der Lehrer gewährleistet

Das Gewinnstreben führt dazu, dass Lehrer angemessen, das heißt nach Leistung und Nachfrage bezahlt werden, weshalb sich eine hohe Qualität in der Lehre durchsetzt. Im heutigen staatlichen Bildungswesen werden gute wie schlechte Lehrer unabhängig von ihrer Leistung gleich bezahlt; sie erzielen mit ihrer Lehre in etwa dieselbe Reichweite. Dadurch fällt für nahezu alle Lehrer, mit Ausnahme einiger Idealisten, der Ansporn weg, mehr zu leisten. Viele begabte Lehrer bleiben auf der Strecke oder vernachlässigen ihre Pflichten.

Dank technischer Möglichkeiten könnten in Zukunft die guten Lehrer eine viel größere Reichweite erreichen und eine dementsprechend angemessene Bezahlung erhalten. Es gibt bereits Schulen, die begabten Lehrern dank moderner Technik eine viel größere Reichweite bescheren, wie etwa die „Delhi Public Schools" in Indien, die „TECSUP" in Peru, aber auch private Hochschulen im deutschsprachigen Raum mit teils beachtlichen Online-Studienangeboten.

Sechster Vorzug: Attraktivität für Investitionen und Kosteneffizienz steigt stark

Da fast alle Staaten dieser Erde hoch verschuldet sind, ist von ihnen nicht zu erwarten, dass sie ausreichend große Investitionen in die Bildung tätigen. Und falls doch, so sind Effizienz und Effektivität dieser Investitionen nicht gewährleistet, da Staaten sich, im Gegensatz zu Privatunternehmen, Fehlinvestitionen und Verschwendung leisten können – der Zwang, sinnvoll und bedarfsgerecht zu investieren, entfällt. Steht bei einem Privatunternehmen die Existenz auf dem Spiel, sobald falsch investiert wurde, ist bei staatlichen Unternehmen ein solcher Druck nicht vorhanden. Sobald das Bildungswesen privatisiert ist, „werden Bildungsunternehmen immer darauf achten, die Kosten so niedrig wie möglich und die Standards so hoch wie möglich zu halten, weil sie sonst Lernende an Wettbewerber verlieren."[90] Private Bildungsanbieter sind gezwungen, zum einen kosteneffizient zu wirtschaften und zum anderen sinnvoll zu investieren, um die Standards heben und sich im Wettbewerb behaupten zu können.

Siebter Vorzug: Ziele der Schüler werden berücksichtigt

Um Gewinne zu erzielen, würden private Bildungsanbieter vermehrt Rücksicht auf die Ziele der Schüler nehmen, indem sie etwa eine Ausbildung anbieten, die gute Voraussetzungen für das spätere Berufsleben schafft.[91] Deshalb würden private Bildungsanbieter enge Beziehungen mit Unternehmen unterhalten und dazu beitragen, dass Schüler und Arbeitgeber Vertrauen zueinander entwickeln.

Die gegenwärtigen staatlichen Bildungsanstalten sind hingegen für immer mehr junge Leute ein realitätsferner Aufenthaltsort, an dem sie frustriert die besten Jahre ihres Lebens verbringen, um sich erst durch den Praxisschock der Realitätsferne ihrer Ausbildung bewusst zu werden. Wenn diesen jungen Menschen auch noch im Laufe ihrer Schul- und Studienzeit eine marktfeindliche Einstellung anerzogen wird, mit der sie sich zuweilen sogar stolz brüsten, dann brauchen sich diese jungen Menschen nicht zu wundern, wenn der Markt sie nicht will.[92] Es verwundert nur wenig, dass viele Akademiker in der

---

[90] James Tooley: Should the private sector benefit from Education? The seven Virtues of highly effective markets, in: Libertarian Alliance, Educational Notes No. 31, London 1999, S. 4.

[91] Vgl. David Friedman: Das Räderwerk der Freiheit: Für einen radikalen Kapitalismus, Grevenbroich 2003, S. 91-95. David Friedman, amerikanischer Ökonom, Rechtswissenschaftler und wichtiger Vertreter des Anarchokapitalismus. In seinen Forderungen nach dem Rückzug des Staates aus allen möglichen Gebieten geht er deutlich über die Ansätze seines Vaters, des Wirtschaftsnobelpreisträgers Milton Friedman, hinaus.

[92] Besonders absurd war der Vorstoß der sehr linkslastigen Österreichischen Hochschülerinnen- und Hochschülerschaft (ÖH) der Universität Wien, aus den ÖH-Zwangsmitgliedsbeiträgen, die jeder in Österreich Studierende zu ent-

Arbeitswelt, die der Befriedigung von Kundenbedürfnissen dient, schlicht nicht zu gebrauchen sind. Die stark ansteigende Jugendarbeitslosigkeit ist ein alarmierendes Zeichen für ein Bildungswesen, das immer praxisferner wird.

Achter Vorzug: Geringere Kosten durch direkte Bezahlung

Das durch Steuern finanzierte staatliche Bildungswesen erweckt den Anschein, kostenlos zu sein, da für die Inanspruchnahme staatsschulischer Dienstleistungen keine direkten Gebühren erhoben werden. Allerdings ist die steuerliche Finanzierung des staatlichen Bildungswesens geradezu heimtückisch: Alle Steuerzahler werden gezwungen, das staatliche Bildungswesen mit ihren Steuern zu finanzieren, unabhängig davon, ob sie davon Gebrauch machen (wollen) oder nicht. Damit wird der sogenannte Rechnungszusammenhang aufgelöst. Normalerweise werden Angebot und Nachfrage durch den Preis koordiniert. Für ein in Anspruch genommenes Gut respektive eine Dienstleistung ist Entgelt zu entrichten. Der Preis signalisiert Knappheit und Qualität.

Arthur Seldon nannte die Vorteile der direkten Zahlung, wie sie in einem privaten Bildungswesen gebräuchlich wäre, gegenüber der indirekten Zahlung über Steuern, wie sie im staatlichen Bildungswesen vorzufinden ist:

1. Jeder kennt den Preis der angebotenen Leistung und weiß, was er zu zahlen hat.

---

richten hat, das nicht-kommerzielle Kaffeehaus „Café Rosa", das in Anlehnung an politisch aktive Frauen wie Rosa Luxemburg, Rosa Mayreder und Rosa Manus so benannt wurde, zu eröffnen. Das Café Rosa sollte folgende Grundsätze hochhalten: basisdemokratisch, feministisch, antisexistisch, progressiv, antidiskriminierend, antirassistisch, emanzipatorisch, ökologisch-nachhaltig, antifaschistisch, antinationalistisch, antiklerikal, antipatriarchal, antiheteronormativ, antikapitalistisch und solidarisch. Das Café Rosa wurde im Mai 2011 eröffnet. Zehn Monate später war es bereits pleite. An dieser Stelle sei die Frage erlaubt, inwieweit die Pleite des Cafés überhaupt hätte verhindert werden können, wenn es von Grund auf antikapitalistisch war?

2. Wer für eine bestimmte Leistung einen Preis zu zahlen hat, wird vorher bewusst abwägen, ob ihm die betreffende Leistung diesen Preis wert ist. Bei öffentlichen Gütern greift jeder zu, unabhängig vom eigentlichen Bedarf, da die betreffende Leistung kostenlos zu sein scheint. Wer verzichtet, verliert. Dass öffentliche Bildung in Wirklichkeit nicht kostenlos ist, und dass die über den eigentlichen Bedarf hinausgehende Inanspruchnahme scheinbar kostenloser öffentlicher Bildung eine enorme Verschwendung von Steuergeldern ist, wird nicht erkannt.

3. Wer Preise direkt zahlt, ist sorgfältig beim Wertvergleich und beim Umgang mit Geld. Die indirekte Zahlung über Steuern hingegen lehrt keine dieser Tugenden.

4. Preise ermöglichen es, dass für jeden schulischen Dienst einzeln bezahlt wird. Gegenwärtig ist es jedoch so, dass schulische Dienste über Steuern finanziert werden, an denen man als Kunde kein wirkliches Interesse hat. Ein Bürger weiß besser, wie er sein Geld verwenden möchte, als die staatliche Verwaltung.[93]

Direkte Zahlungen für Bildungsdienste kämen vor allem ärmeren Schichten zugute. Das gegenwärtige staatliche Bildungswesen bewirkt eine Umverteilung von unten nach oben, da staatliche Bildungsdienste von reicheren Schichten vergleichsweise öfter und länger in Anspruch genommen werden als von ärmeren Schichten, letztere diese aber dennoch mitfinanzieren müssen. Das wäre bei einem privaten, auf direkten Zahlungen aufgebauten Bildungswesen nicht der Fall.

Neunter Vorzug: Privatschulen wären für alle bezahlbar

Der häufige Einwand, dass sich nur die reicheren Schichten private Bildungsangebote leisten könnten, trifft nicht zu. Wie wir am Beispiel der Privat- und Armenschulen im Großbritannien des 19. Jahrhunderts gesehen haben, richtet sich ein privates, vom Staat unberührtes Bildungswesen an alle Schichten der Gesellschaft, sowohl an Arm, als auch an Reich.

---

[93] Vgl. Arthur Seldon: Micro-economic Controls - Disciplining by Price, in: The Taming of Government, Institute of Economic Affairs Readings 21, London 1979.

Die Entstaatlichung des gegenwärtigen Bildungswesens würde bedeuten, dass die Menschen zunächst einmal mehr Geld in der Tasche hätten, welches sie nach eigenem Ermessen in die Bildung investieren könnten. Es würde sofort ein verstärkter Bildungswettbewerb entstehen. Private Bildungsanbieter würden um die Gunst potentieller Kunden werben, was die Kosten für die Inanspruchnahme privater Bildungsleistungen dermaßen senken würde, dass sich jeder, der möchte, den Besuch einer privaten Schule leisten könnte. Privatschulen wären kein Luxusgut, wie es heute der Fall ist, sondern Standard.

Auch Stipendien- und Förderprogramme würde es nach wie vor geben. Warum auch nicht? Robert Nef klärt auf:

> Dass begabte Kinder unbemittelter und uneinsichtiger Eltern niemanden finden, der bereit wäre, in dieses Potential zu investieren, ist in einer marktwirtschaftlich orientierten Wirtschaftsordnung, die von der Entdeckung und Förderung von Talenten abhängig ist, zunehmend unwahrscheinlich. Für die Entwicklung einer Wissensgesellschaft ist es außerordentlich wichtig, dass die Menschen (die Bildungskunden selbst, ihre Eltern und mögliche private Investoren in künftiges Humankapital) generell privat mehr – ja, viel mehr – Energie, Zeit und Geld in die Bildung investieren, und zwar lebenslänglich und nicht nur zwischen fünf und 25 Jahren.[94]

Gerade die Privatwirtschaft ist von Talenten stark abhängig, stärker als der Staat. Sie würde Talente fordern und fördern.

Zehnter Vorzug: Eindämmen gesellschaftlicher Konflikte

Das staatliche Bildungswesen ignoriert die Bedürfnisse und Wünsche von Individuen und Minderheiten. Es muss keine Gewinne machen und kann keine Verluste erleiden, weshalb es sich über die Bedürfnisse der Menschen ohne weiteres hinwegsetzen kann. Staatliche Entscheidungs-

---

[94] Robert Nef: Europäische Krankheit: Rettet die Bildung vor dem Staatsversagen!, in: eigentümlich frei, 7/2012, Jg. 15, Nr. 125, S. 12. Robert Nef, Schweizer Publizist, der wirtschaftsliberale und staatskritische Positionen vertritt.

träger legen nach eigenem Gutdünken, stets im Sinne des Staates, einen Lehrplan fest, der dann für alle unterschiedslos gilt.

Das führt vor allem bei heiklen Lehrthemen, zum Beispiel aus dem Bereich der Sexualpädagogik, schnell zu gesellschaftlichen Konflikten, wie man sie jüngst in Baden-Württemberg beobachten konnte, als die grün-rote Landesregierung ein Arbeitspapier vorstellte, welches im Vorfeld der Erstellung des neuen Bildungsplans verfasst wurde, und in dem es unter anderem darum ging, die Akzeptanz sexueller Vielfalt im Schulunterricht zu fördern, was auf wenig Gegenliebe in eher, aber nicht ausschließlich konservativen Milieus stieß. Auch über die Handhabung religiöser Themen im öffentlichen Schulunterricht wird häufig gestritten: Dürfen muslimische Lehrerinnen mit Kopftuch unterrichten? Sollen die Christuskreuze aus den Klassenzimmern entfernt werden? Man merkt: Von der Politik vorgegebene Lehrthemen für öffentliche Schulen liefern ein hohes gesellschaftliches Konfliktpotential.

Murray Rothbard schrieb ganz richtig: „[D]as Ausmaß und die Intensität der sozialen Konflikte in der Gesellschaft [nehmen] immer weiter zu, wenn die Sphäre der öffentlichen im Vergleich zur privaten Bildung sich vergrößert."[95] Es findet ein Kampf um Einfluss statt:

---

95 Murray Rothbard: Für eine neue Freiheit: Kritik der politischen Gewalt, Band 2: Soziale Funktionen (1973), Berlin 2012, S. 101. Noch weiter fasste es Ludwig von Mises, der ein entstaatlichtes Schulsystem als Grundlage des Friedens betrachtete: „In allen national gemischten Gebieten ist die Schule ein Politikum von höchster Bedeutung. Man kann sie nicht entpolitisieren, wenn man sie als öffentliche und Zwangseinrichtung beibehält. Es gibt da nur ein Mittel, der Staat, die Regierung, die Gesetze dürfen sich in keiner Weise um die Schule und um den Unterricht kümmern, öffentliche Gelder dürften dafür nicht verwendet werden, Erziehung und Unterricht müssen ganz den Eltern und privaten Vereinigungen und Anstalten überlassen werden. Es ist besser, eine Anzahl von Buben wachsen ohne Schulunterricht auf, als daß sie wohl Schulunterricht genießen, dafür aber, wenn sie einmal herangewachsen sind, die Chance haben, totgeschlagen oder verstümmelt zu werden. Es gesunder Analphabet ist doch immer besser daran als ein des Lesens und Schreibens kundiger Krüppel." Ludwig von Mises: Liberalismus, Stuttgart und Jena 1927, S. 102.

Wenn staatliche Entscheidungen immer mehr private Entscheidungen ersetzen, sei es bei Bildung, sei es auf anderen Gebieten, dann werden immer mehr verschiedene Gruppen einander in einem verzweifelten Kampf um Einfluss an die Gurgel gehen, damit in jedem Gebiet eine *ihnen* genehme Entscheidung fällt.[96]

Ein freies, privates Bildungswesen würde hingegen derlei Konflikte eindämmen:

Sobald Bildung völlig privat wäre, könnten alle Eltern und alle Gruppen von Eltern ihre eigene Art von Schule führen. Eine Menge von verschiedenen Schulen würde entstehen und auf die verschiedenartigen Bildungsbedürfnisse der Eltern und Kinder treffen. Einige Schulen wären traditionell, andere progressiv. Schulen mit Abstufungen zwischen progressiv und traditionell entstünden. Einige Schulen würden mit egalitären Methoden und ohne Zensuren arbeiten, andere streng nach Fächern unterrichten und benoten, einige wären säkular, andere an unterschiedlichen Glaubensrichtungen ausgerichtet, einige Schulen wären libertär und würden die Tugenden des freien Unternehmertums hochhalten, andere dagegen irgendeine Form des Sozialismus predigen.[97]

Die Wahrscheinlichkeit, als Kunde eine passende Schule zu finden, wäre in einem freien, privaten Bildungswesen um einiges höher, als es im staatlichen Bildungswesen gegenwärtig der Fall ist. Die Vielfalt wäre viel größer. Eine Vielfalt, die etwa in der Zeitschriften- und Buchbranche selbstverständlich ist:

Betrachten wir beispielsweise die Struktur der heutigen Zeitschriften- und Buchindustrie und erinnern uns daran, dass Zeitschriften und Bücher selbst ein extrem wichtiger Träger von Bildung sind. Der Zeitschriftenmarkt, der praktisch frei ist, umfasst alle Arten von Zeitschriften, um den vielfältigen Geschmack und die Bedürfnisse der Kunden zu befriedigen. [...] Ähnliche Struktur hat der freie Buchmarkt. Es gibt weit-

---

[96] Ebd.

[97] Ebd.

verbreitete Bücher, Bücher für spezialisierte Märkte, Bücher aller ideologischen Richtungen.[98]

Ein Libertärer liest gerne die Werke von Ludwig von Mises oder Murray Rothbard und abonniert die „eigentümlich frei", Sozialisten und Kommunisten lesen gerne Rosa Luxemburg oder Karl Marx und bestellen die „taz", Konservative stöbern lieber bei Edmund Burke oder Arnold Gehlen und kaufen sich die „Junge Freiheit". Andere wiederum lesen gar nichts, was ihr gutes Recht ist. Niemand käme auf die Idee, der Zeitschriften- und Buchindustrie diese Vielfalt zu nehmen. Warum tut man genau das im Bildungswesen?

Der Staat ist jedenfalls nicht dazu in der Lage, für jeden das passende Schulprogramm zu entwickeln. Das kann nur der Markt. Nimmt einzig und allein der Staat die Zügel in Sachen Bildung in die Hand, entstehen Konflikte, wie Murray Rothbard klar machte:

> Schaffen wir die öffentlichen Schulen ab und es wird sich ein „Schulmarkt" herausbilden, der genauso frei und vielfältig wäre wie die verschiedenen Buch- und Zeitschriftenmärkte. Wenn es im Gegenzug dazu nur *eine* Zeitschrift für jeden Einzelstaat oder jede Stadt gäbe, würden Kämpfe und Konflikte entstehen: Soll die Zeitschrift konservativ, liberal oder sozialistisch sein, wieviel Platz soll der Literatur, wieviel dem Bridge eingeräumt werden? Die Konflikte und die Druckausübung wären intensiv, keine Lösung befriedigend, weil jede Entscheidung vielen Menschen etwas nehmen würde, das sie wollen und benötigen.[99]

Genau diese Situation finden wir gegenwärtig im staatlichen Bildungswesen vor. Gesellschaftliche Konflikte, öffentlich ausgetragen wie jüngst in Baden-Württemberg, sind absehbar.

Und nun stelle man sich vor, der Staat beschließt plötzlich, eigene Zeitschriften und Bücher zu drucken, zwingt die Menschen diese zu lesen und verbietet oder zensiert alle übrigen Zeitschriften und Bücher. Das wäre nicht hinzunehmen! Dennoch ist das staatliche Bildungs-

---

[98] Ebd., S. 102
[99] Ebd.

wesen genau so aufgebaut. Tatsächlich ergibt es viel mehr Sinn, wenn geschrieben, gedruckt, gelesen, gelehrt und gelernt werden darf, wie einem gerade lieb und recht ist.

4.2 Alternative Bildungskonzepte zur Schule existieren

Ein freies, entstaatlichtes Bildungswesen wäre nicht auf private Schulen beschränkt. Alternative auf Freiwilligkeit beruhende Bildungskonzepte existieren bereits.

Dazu gehört etwa der Hausunterricht (Homeschooling), der beispielsweise dann erteilt wird, wenn Kinder nicht in die Schule gehen wollen und Eltern diesem Willen nachkommen, wenn sich Eltern mit den Programmen und Lernzielen der Schulen nicht identifizieren können oder ihre Kinder selbstbestimmt lernen lassen möchten.

Es gibt eine breite Palette an Gestaltungsmöglichkeiten für den Hausunterricht. Diese reicht von stark strukturiertem und dem traditionellen Schulunterricht ähnelndem Hausunterricht bis hin zum sehr offen gestaltetem Unschooling, einem vom Kind geleiteten Lernen, das ohne feste Strukturen und Planung verläuft.

John Holt, einer der wichtigsten Vordenker aus den Reihen der Homeschooling-Bewegung, benannte in einem Interview mit Marlene Bumgarner die Vorteile des Hausunterrichts aus seiner Sicht, etwa die Vertrautheit der Kinder mit ihrer häuslichen und natürlichen Umgebung, die zeitliche Flexibilität und die Möglichkeit auf die Bedürfnisse und Interessen der Kinder direkt einzugehen. In Schulen sei so etwas nicht oder nur bedingt möglich.[100] Auch Murray Rothbard erkannte die Vorteile des Hausunterrichts: Selten ist jemand in der Lage, besser auf die Fähigkeiten und Interessen der Kinder einzugehen,

---

[100] Vgl. Marlene Bumgarner: A Conversation with John Holt, in: Mothering, 1/1981, Jg. 6, Nr. 19. Holt schrieb zudem die „Bibel" der Homeschooling-Bewegung. Vgl. John Holt: Teach Your Own, New York 1981. John Holt (1923-1985), amerikanischer Pädagoge und wichtiger Vordenker der Homeschooling-Bewegung, dessen Schriften sich millionenfach verkauften.

als die Eltern, deren Liebe sie motiviert, für ihre Kinder das Beste herauszuholen. Freilich sind nicht alle Eltern dazu in der Lage, ihre Kinder selbst zu unterrichten. Sie sind aber immerhin dazu in der Lage, für ihre Kinder die besten Lehrer oder die besten Schulen auszusuchen – dies wäre gewiss nur in einem entstaatlichten Schulwesen möglich, das sich an den Bedürfnissen der Eltern und Kinder orientieren, dementsprechend eine breite Palette an Schul- und Lehrtypen anbieten und somit in starkem Kontrast zur standardisierten staatlichen Einheitsschule stehen würde.[101]

Seit den 1980er Jahren erfreut sich der Hausunterricht, nicht zuletzt dank des Wirkens von John Holt, vor allem in den USA großer Beliebtheit. Die Zahl der zu Hause unterrichteten Kinder hat in den USA inzwischen die Millionenmarke überschritten. Der Hausunterricht ist mittlerweile in allen U.S.-Bundesstaaten möglich, bei mehr oder weniger starken Beschränkungen, die sich von Bundesstaat zu Bundesstaat unterscheiden.

In Deutschland ist das, wie wir bereits gesehen haben, nicht der Fall. Das Verbot des Hausunterrichts geht zurück auf das von den Nationalsozialisten im Jahre 1938 verabschiedete Reichsschulgesetz, welches mit der Einführung des Grundgesetzes in die Landesgesetzgebung überging.

Die bezüglich des Homeschooling häufig geäußerte Befürchtung, dass zu Hause unterrichtete Schüler nie den Bildungsstand herkömmlicher Schulgänger erreichen würden, sozial unfähig und unproduktiv seien, lässt sich schon anhand einer kurzen Auflistung bekannter Homeschooler widerlegen: Irving Berlin, Charlie Chaplin, Agatha Christie, Pierre Curie, Charles Dickens, Thomas Alva Edison, Johann Wolfgang von Goethe, Thomas Jefferson, John Stuart Mill, Wolfgang

---

101 Vgl. Murray Rothbard: Education: Free & Compulsory (1971), Auburn/Alabama 1999, S. 8-13.

Amadeus Mozart, Blaise Pascal, Mark Twain und Leonardo da Vinci, um nur einige zu nennen.[102]

Man stelle sich nur vor, Mozart hätte seine jungen Jahre in der Schule verbracht, wo man ihm die Gesetze der Physik eingepaukt hätte – wir hätten die „Zauberflöte" wahrscheinlich nie gehört. Während mit physikalischen Kenntnissen ja immerhin ein praktischer Nutzen einhergeht, ist der praktische Nutzen von Fächern wie den Gender Studies, die sich im heutigen staatlichen Bildungswesen besonderer Beliebtheit erfreuen, um einiges bescheidener. Man kann davon ausgehen, dass Leonardo da Vinci die Beschäftigung mit Gender als Hindernis für sein produktives Schaffen und Zeitverschwendung erachtet hätte.

Natürlich sind die meisten Menschen, die zuhause unterrichtet werden, nicht vom Schlage der hier aufgezählten Genies. Nur ist die Behauptung, dass es sich bei Hausschülern um sozial unfähige, ungebildete und unproduktive Menschen handeln würde, schlichtweg falsch. Jemand, der nie eine öffentliche Schule besucht hat, muss weder zwingend noch wahrscheinlich als Analphabet enden. Die moderne Welt liefert genügend Anreize, die jedermann zum Erlernen der Sprache, des Lesens, des Schreibens, des Rechnens anregen. Beispielsweise hat heutzutage nahezu jeder Jugendliche im entwickelteren Teil der Welt das Bedürfnis, das Internet nutzen zu können, weshalb die Motivation, sich eine gewisse Grundbildung anzueignen, die für die praktische Nutzung des Internets notwendig ist, sehr stark ist, ebenso wie die Motivation, landwirtschaftliche Techniken zu erlernen, zu Zeiten der Agrargesellschaft sehr stark war. Weder für das Erlernen des Alphabets noch für das Erlernen landwirtschaftlicher Techniken braucht man öffentliche Schulen, schon gar nicht, wenn ein natürliches Bedürfnis zu Lernen existiert.

---

[102] Die hier aufgelisteten Personen waren den größten Teil ihrer Kindheit und Jugend Homeschooler. Wenn sie zu einer herkömmlichen Schule gingen, dann nur für kurze Zeit oder unregelmäßig.

4.3 Wettbewerb statt Staatsmonopol

Einerseits sind sich die führenden Vertreter des Mainstreams einig, dass Monopole aus Sicht der Konsumenten immer schlecht sind, andererseits kritisiert kaum jemand von ihnen das staatliche Bildungsmonopol. Das ist genauso widersprüchlich wie verständlich und schnell erklärt. Es sind die besagten Denker des Mainstreams, die zu den Nutznießern des staatlichen Bildungsmonopols gehören. Sie finden in dem monopolisierten Bildungssystem gut bezahlte Arbeit, die sie auf dem freien Markt vielfach nicht finden würden; zugleich müssen sie keine Konkurrenz fürchten. Der mangelnde Wettbewerb des staatlichen Bildungssystems ist jedoch eine seiner zentralen Schwächen, wie bereits gezeigt wurde. Stefan Melnik und Sascha Tamm betonen die Wichtigkeit des Wettbewerbs in der Bildung:

> Wettbewerb um das beste Angebot, die beste Lösung ist im Bildungswesen genauso wichtig wie anderswo – wahrscheinlich sogar noch wichtiger. Dabei ist ein monopolistisches System, in dem der Staat Lehrinhalte und -methoden detailliert vorschreibt, kontraproduktiv. Ähnlich ist es bei der Finanzierung - rein steuerfinanzierte Systeme setzen falsche Anreize und sind innovations- und leistungsfeindlich.[103]

Wie sollen ein staatliches Bildungsmonopol und ein Mangel an Wettbewerb die Qualität der Bildung substantiell heben? Ohne Wettbewerb, ohne den Zwang zur Leistung, bleibt die Qualität der Bildung auf der Strecke. Gerade das Streben, sich im freien Bildungswettbewerb zu behaupten, sichert die Qualität. Schon der große Aufklärer und Begründer der klassischen Nationalökonomie Adam Smith schrieb in seinem Hauptwerk, dem „Wohlstand der Nationen", dazu folgendes:

> In jedem Beruf richtet sich Ausübung oder Arbeitseifer der meisten Menschen stets nach dem Zwang zur Leistung. Dieser Zwang ist für jene am stärksten, deren Einkünfte aus ihrem Beruf die einzige Quelle sind, von der sie sich die Sicherung ihrer Zukunft oder selbst nur ihr laufendes Einkommen und

---

[103] Stefan Melnik, Sascha Tamm: Kleines Lesebuch der liberalen Bildungspolitik, Berlin 2007, S. 8f.

ihren Unterhalt erwarten. [...] Herrscht nun freier Wettbewerb, so zwingt die Rivalität der Konkurrenten, die sich alle gegenseitig aus dem Beruf verdrängen möchten, jeden einzelnen dazu, dass er ständig um ein bestimmtes Niveau seiner Leistung bemüht ist.[104]

Wettbewerb belebt das Geschäft. Anreize regen zu besseren Leistungen an. Im staatlich monopolisierten Bildungswesen gibt es diesen Wettbewerb nicht. Bleibt der Wettbewerb aus, so neigen die Menschen, die ihm entgehen, zu Bequemlichkeit. Bleiben die Anreize aus, so neigen die Menschen dazu, ihre Pflichten zu vernachlässigen. Dies ist im gegenwärtigen staatlichen Bildungswesen der Fall, wie auch in allen anderen Bereichen, die der Staat okkupiert hat. Hans-Hermann Hoppe schreibt: „[E]s gibt unter Staatsangestellten immer die Tendenz, bei ihrer Tätigkeit soviel Ressourcen wie möglich zu verbrauchen, aber dabei so wenig wie möglich tatsächliche Arbeit zu leisten."[105] Es gibt im staatlichen Bildungswesen keine Anreize zu kosteneffizienter Arbeit, in einem privaten Bildungswesen hingegen schon.

Der von Gegnern der Privatisierung des Bildungswesens häufig erhobene Einwand, wonach es im privaten Bildungswesen keine Leistungsgarantie geben würde, ist zwar richtig, trifft allerdings noch viel mehr auf das staatliche Bildungswesen zu, da dieses, im Gegensatz zu einem privaten Bildungswesen, nicht einmal Anreize zu ansprechenden Leistungen liefert. Wer daher vom Bildungswesen Leistung erwartet, fährt besser, wenn er auf die Privatisierung des Bildungswesens setzt. Staatliche Bildung ist in der Summe teurer, in der Qualität hingegen minderwertiger. Stefan Blankertz schreibt ganz richtig:

> Wenn der Staat tatsächlich Wohltaten [wie Bildung, Anm.: T.M.F.] anbieten würde, bräuchte er keine Zwangssteuern.

---

[104] Adam Smith: Der Wohlstand der Nationen (1776), München 1978, S. 645. Adam Smith (1723-1790), schottischer Moralphilosoph und Begründer der modernen Nationalökonomie.

[105] Hans-Hermann Hoppe: Der Wettbewerb der Gauner. Über das Unwesen der Demokratie und den Ausweg in die Privatrechtsgesellschaft, Berlin 2012, S. 19.

Dann könnte er so wie jeder Marktteilnehmer sein Angebot machen und auf freiwillige Bezahlung setzen. Nur der, der weniger leistet als er an Zahlung verlangt, muss Gewalt einsetzen, um zu bekommen, was er begehrt.[106]

Da aber der Staat sein Bildungswesen durch Zwangssteuern, sprich durch Gewaltandrohung oder Gewaltanwendung finanziert und eben nicht auf freiwillige Bezahlung setzt, kann man daraus nichts anderes ableiten, als dass das, was der Staat im Bildungswesen leistet, weniger ist als das, was er an Zahlung verlangt. Mit anderen Worten: Der Staat leistet im Bildungswesen weniger, als er verlangt, da er andernfalls ohne Bedenken auf freiwillige Bezahlung setzen könnte. Private Schulen hingegen müssen ihre Leistung bringen, da andernfalls die freiwillig bezahlenden Kunden abspringen. Private Schulen können sich nicht darauf verlassen, dass die Kunden so oder so bezahlen werden. Die Kunden werden nicht gezwungen zu bezahlen, und sie werden nur bezahlen, wenn die Leistung nach ihrer Bewertung stimmt. Stimmt die Leistung nicht, werden private Schulen, im Gegensatz zu staatlichen Schulen, vom Markt verschwinden.

---

[106] Stefan Blankertz: Die Katastrophe der Befreiung, Berlin 2013, S. 186f. Dieses Zitat von Stefan Blankertz sollte von zentraler Bedeutung für eine libertäre Kritik aller staatlichen „Leistungen" sein.

5. Fazit: Bildung für die Menschen, statt für den Staat

Es wurde gezeigt, dass der Staat von Natur aus ein Unrechtswesen ist. Um dies zu verschleiern, okkupiert der Staat wichtige Bereiche, die von breiten Teilen der Gesellschaft als notwendig und sinnvoll erachtet werden. Einer dieser Bereiche ist das Bildungswesen.

Mit der Okkupation des Bildungswesens schlug der Staat gleich zwei Fliegen mit einer Klappe: Mit dem Bildungsmonopol im Rücken konnte er fortan das Denken der Menschen prägen und heimste zugleich Anerkennung ein, da Bildung von breiten Teilen der Gesellschaft als etwas Notwendiges und Sinnvolles erachtet wird. Schnell konnte die Auffassung durchgesetzt werden, dass einzig der Staat in der Lage sei, breiten Bevölkerungsschichten Bildung anzubieten.

Bei der Errichtung des Bildungsmonopols rekrutierte der Staat Ideologen und Intellektuelle, indem er ihnen Karrieremöglichkeiten im staatlichen Bildungswesen anbot, von denen die meisten auf einem freien Markt nur hätten träumen können. Es war logisch, dass die besagten Ideologen und Intellektuellen das Wesen des Staates verteidigen und in seinem Sinne agieren und agitieren würden. Ausgestattet mit derart großem Einfluss indoktrinierten staatliche Ideologen und Intellektuelle nach und nach das Gros der Gesellschaft.

Um die Indoktrination der Bevölkerung sicherzustellen, nutze der Staat zusätzlich zur Rekrutierung von Ideologen und Intellektuellen verschiedene Mittel, beispielsweise die Schulpflicht oder das Berechtigungswesen – die Menschen mussten nun zur Schule gehen, ob sie wollten oder nicht, und waren dementsprechend der Indoktrination durch das staatliche Bildungswesen ausgesetzt. Daran hat sich bis zum heutigen Tage im Wesentlichen nichts geändert. Es wird sich heutzutage kaum jemand finden, der das Wesen des Staates und seine vermeintlich alternativlose Bildungshoheit ernsthaft anzweifelt.

Dem Staat ist es gelungen, sein Treiben mit fadenscheinigen Argumenten schön zu reden. So schaffe er durch sein Bildungswesen einen

„sozialen Ausgleich", der zudem „kostenlos" sei. Beides stimmt nicht, dennoch glauben genau das die meisten Menschen.

Zwar gab und gibt es immer wieder Gegner des Staates und seines Bildungswesens, doch konnten sie ihm kaum Paroli bieten. Zu klein ist ihre Zahl, zu bescheiden sind ihre Mittel und zu groß sind die ihnen drohenden staatlichen Repressionen. Dabei wäre ein freies, entstaatlichtes Bildungswesen so wichtig. Dort werden in erster Linie die Bedürfnisse der Kunden, der Schüler und Studenten, berücksichtigt. Es gäbe keinen Staat, der das Bildungswesen zu Indoktrinationszwecken missbrauchen würde. Ein umfangreicher Bildungswettbewerb würde existieren, mit dem eine stärkere Kosten- und Nutzeneffizienz einhergehen würde.

Was gilt es zu tun? Jeder Schritt weg vom Staat in Richtung Freiheit ist begrüßenswert. Konkret auf das Bildungswesen bezogen heißt das: Aufhebung der Schulpflicht und des Berechtigungswesens, Erlaubnis alternativer und privater Bildungsangebote und -methoden, wie etwa das Homeschooling und in letzter Konsequenz die komplette Entstaatlichung des Bildungswesens zugunsten seiner Privatisierung. Es wäre jedoch naiv anzunehmen, dass der Staat das einfach zulassen würde. Deshalb gilt es, ihm die Zügel der Macht zu entwinden.

Noch fußt das staatliche Unrechtswesen auf der Zustimmung breiter, sich im Tiefschlaf befindender Massen. Aufgabe ist es, diese Massen aus ihrem Schlummer zu wecken und ihren natürlich Drang nach Freiheit, der ihnen vom Staat Schritt für Schritt ausgeredet wurde und von dem sie sediert werden, wieder einzupflanzen. Hierfür bedarf es eines intellektuellen staatskritischen bis antistaatlichen Fundaments und der Fähigkeit, Freiheit, Recht und eigenverantwortliche Bildung einer breiten Masse schmackhaft zu machen. Ersteres ist bereits vorhanden, zweiteres bedarf mehr Mut.[107]

---

[107] Vgl. Hans-Hermann Hoppe: Demokratie. Der Gott, der keiner ist, Leipzig 2009, S. 198. Vgl. Ludwig von Mises: Human Action: A Treatise on Economics, Chicago 1966, S. 864.

6. Interviews

6.1 Interview mit Julia-Friederike Morgenroth (Schulflüchtling)

Julia-Friederike Morgenroth ist 2012 mit ihrem Mann und ihren zwei Kindern (sieben und zwei Jahre alt) vor der deutschen Schulpflicht geflohen. Im Interview erläutert sie die Beweggründe dieser Entscheidung.

Froelich: Frau Morgenroth, Sie sind von Deutschland nach Frankreich ausgewandert, was nicht weiter ungewöhnlich ist. Ungewöhnlich ist jedoch der Grund Ihrer Auswanderung, nämlich das deutsche Bildungswesen. Warum sind sie vor dem deutschen Bildungswesen geflohen?

Morgenroth: Weil uns die deutsche Gesetzgebung keine andere Wahl ließ. Da es in Deutschland eine Schulanwesenheitspflicht gibt, sich diese aber nicht mit unserem Familienleben vereinbaren ließ, mussten wir in ein Land umziehen, in dem auch andere Modelle toleriert werden.

Froelich: Drohten Ihnen bei Verletzung gegen die Schulanwesenheitspflicht Repressionen vonseiten des deutschen Staates?

Morgenroth: Als wir wenige Wochen nach Schulbeginn merkten, dass das Modell Schule in keiner Weise zu uns passte und selbst unser Sohn sehr bald ernüchtert war und nicht mehr zur Schule gehen wollte – ursprünglich hatte er sich auf die Schule gefreut –, meldete ich uns aus Deutschland ab und plante den Umzug. Schon nach wenigen Tagen meldete sich das Jugendamt; jemand hatte uns gesehen und uns gemeldet. Das machte mir Angst, da das Jugendamt eine Behörde ist, die von keiner unabhängigen Stelle kontrolliert wird. Es kann uns die Kinder unter dem schwammigen Vorwand der „Gefährdung des Kindeswohls" ohne Verfahren wegnehmen. Das wollte ich natürlich vermeiden und deshalb intensivierte ich die Vorbereitungen und wir verließen das Land so schnell wie möglich.

Froelich: Der Staat gleicht also einem Kidnapper: Mit Gewalt oder deren Androhung zwingt der Staat Eltern ihre Kinder zur Schule zu schicken, da sie andernfalls ihnen entzogen werden. Welches Bildungsmodell halten Sie denn für optimal?

Morgenroth: Vielfalt! Jedes Kind und jede Familie soll für sich entscheiden, welches Modell für sie in der jeweiligen Situation das passende ist. Das kann die Schule sein, aber auch Lerngruppen in der Nachbarschaft, oder auch Privatlehrer bzw. Homeschooling und Unschooling. Es muss auch nicht über zehn oder zwölf Jahre dasselbe Modell durchgehalten werden. Offenheit für verschiedene Varianten wünsche ich mir.

Froelich: Und welche Variante bevorzugen sie für ihren Sohn, bzw. welche Variante bevorzugt er für sich?

Morgenroth: Im Moment praktiziert er das Freilernen. Wir kommen damit gut zurecht. Er sucht sich ein Betätigungsfeld und beschäftigt sich mit dem, was ihn interessiert. Wenn er Fragen hat, helfe ich bei der Beantwortung.

Meine Aufgabe dabei ist es, Material zur Verfügung zu stellen, die richtigen Bücher und Internetseiten herauszusuchen und Ausflüge zu planen. Ich gebe auch Anregungen und mache Vorschläge, treffe aber ehrlich gesagt häufig nicht seinen Geschmack oder sein Bedürfnis. Er hat einfach selbst so viele Ideen.

Er hatte aber auch schon Unterricht bei einem Musiklehrer und mochte ihn sehr. Überhaupt sind Einflüsse von außen bzw. Eingehen auf seine Fragen immer gut. Und ich bin dankbar für Unterstützung durch andere Erwachsene mit anderem Wissen und anderen Fähigkeiten, als ich sie habe.

Daneben ist natürlich auch die Begegnung mit anderen Kindern wichtig, wobei dies bei uns nicht ganz so notwendig ist wie bei Einzelkindern. Da ich zwei Söhne habe und diese sich sehr gut verstehen, haben sie einen Spielkameraden im Haus. Ich muss also nicht täglich Kontakte zu anderen Kindern organisieren.

Froelich: Eine soziale Isolation der Kinder aufgrund mangelnder sozialer Kontakte befürchten Sie also nicht? Immerhin wird diese Kritik häufig von Gegnern des Homeschooling, des Unschooling und des Freien Lernens geäußert.

Morgenroth: Nein. Wir sind häufig unterwegs, besuchen meinen Mann auf seinen Baustellen, oder Freunde, auch Freunde mit Kindern. Ich glaube nicht daran, dass Kinder zur Sozialisation unbedingt eine Gruppe Gleichaltriger brauchen und berufe mich da auf Gordon Neufeld oder auch André Stern.[108] Wichtiger ist es meiner Meinung nach, dass sie auf Menschen treffen, die zugewandt und interessiert sind und die ähnliche Interessen wie sie haben. Egal, ob es sich dabei um Sport, Musik, Technik, Sprachen, Gartenbau etc. handelt.

Froelich: Gibt es viele Familien, die einen ähnlichen Weg wie Sie eingeschlagen haben? Und haben Sie Kontakt zu solchen?

Morgenroth: Die Homeschool- und Freilerner-Szene ist sehr vielfältig. Ich habe zahlreiche Kontakte zu unterschiedlichen Familien, die unterschiedliche Ansätze verfolgen. Ich weiß, dass es viele Eltern gibt, die mit dem Bildungssystem unzufrieden sind und nach Alternativen suchen, sowohl innerhalb des Landes als auch außerhalb. Mein Eindruck ist, dass die Zahl der Eltern, die Deutschland wegen des Schulzwangs verlassen (wollen), zunimmt. Es kann aber auch sein, dass ich seit meiner Sensibilisierung für dieses Thema immer mehr schulflüchtige Familien kennen lerne und mein Eindruck daher rührt.

Froelich: In der öffentlichen Debatte der letzten Jahre wird jedenfalls vermehrt über dieses Thema gesprochen. Gibt es Organe und Publikationen, die Lobbying im Sinne der Homeschooler, Unschooler und Freilerner betreiben?

---

[108] Gordon Neufeld ist ein kanadischer Entwicklungspsychologe, der sich unter anderem für Bildungsfreiheit einsetzt. André Stern ist ein Freibildungsexperte, der durch sein Buch „… und ich war nie in der Schule" eine gewisse Bekanntheit erlangte. Vgl. André Stern: … und ich war nie in der Schule, München 2009.

Morgenroth: In Deutschland gibt es das "Netzwerk Bildungs-freiheit", den "Blauen Brief" und diverse Facebookgruppen, wie zum Beispiel "Freilerner Netzwerk". Es gibt außerdem das Magazin "unerzogen".[109] Außerdem gibt es zahlreiche Blogs. Auch in Österreich und der Schweiz gibt es deutschsprachige Netzwerke. In den USA gibt es die Home School Legal Defense Association (HSLDA), die Lobby-Arbeit und eine gut recherchierte Internetseite betreibt.

Zahlreiche Initiativen, Einzelpersonen, Journalisten, Autoren und Wissenschaftler befassen sich mit dem Thema Bildung und kritisieren die Schule und die Art des Lernens dort. Da gibt es viel Bewegung, viele Fragen, viele Diskussionen. Ich schaffe es kaum, einen groben Überblick zu behalten. Das ist toll.

Froelich: Abschließend: In Deutschland gibt es, trotz (oder wegen?) Schulpflicht, unter den Menschen im erwerbsfähigen Alter knapp 15% funktionale Analphabeten. Offensichtlich läuft einiges schief im deutschen Bildungswesen. Kann Ihr älterer Sohn schon lesen und schreiben?

Morgenroth: Er lernt es. Allerdings nicht so, wie ich es in der Schule gelernt habe, also nicht Buchstabe für Buchstabe, sondern nach Bedarf. Er schreibt auf der Computertastatur, wenn er ein bestimmtes Video sucht oder wenn er per Skype mit seinem Papa kommuniziert. Er beschriftet auch seine Bilder. Er fängt gerade an, seinem kleinen Bruder aus Bilderbüchern vorzulesen.

Rechnen kann er gut, auch Brüche. Zurzeit fängt er an, nach negati-ven Zahlen zu fragen. Solche Fragen ergeben sich meist aus der Praxis, zum Beispiel beim Thema Schulden. Auch hier muss ich aufmerksam bleiben und auf seine Fragen eingehen. Ich kann auch etwas weiter ausholen; er signalisiert sehr schnell, wenn es ihm zu viel wird.

---

[109] „unerzogen" erscheint seit 2007 vierteljährlich. Themenschwerpunkte sind Bildungsfreiheit, selbstbestimmtes Lernen und der respektvolle Umgang mit Kindern.

Diverse Spiele und Bücher bringen ihm die Themen näher. Wenn es Spaß macht, lernt es sich leicht, das ist bei Kindern nicht anders als bei uns Erwachsenen.

Froelich: Frau Morgenroth, ich danke Ihnen für das Interview.

6.2 Interview mit Stefan Blankertz (Anarcho-kapitalist)

Stefan Blankertz ist Schriftsteller und Sozialwissenschaftler. Laut André F. Lichtschlag gilt er als „Deutschlands dienstältester Anarchokapitalist".[110] Er vertritt eine klassisch libertäre, ideologiefreie Position des Anarchokapitalismus und eine historisch-materialistische Staatskritik.

Froelich: Herr Blankertz, André F. Lichtschlag nannte Sie einst "den dienstältesten Anarchokapitalisten Deutschlands". Wie wurden Sie zum Anarchokapitalisten und warum?

Blankertz: Irgendwann im zarten Alter von 14, also 1970, bin ich in einem Spiegel-Artikel zu den anarchistischen Wurzeln der Studentenbewegung auf ein Bakunin-Zitat gestoßen, dass die Menschen keinen Staat bräuchten, sondern alle Angelegenheiten untereinander regeln könnten. Dies hat mich augenblicklich befeuert und von da habe ich alles über Anarchismus gelesen, dessen ich habhaft werden konnte. Dabei fand ich von Anfang an die Unterschiede zwischen kommunistischen, kollektivistischen und individualistischen Anarchisten höchst unnütz, denn wenn die Menschen frei sein sollten, ihr Leben zu gestalten, müssten sie ja vor allem frei sein, solche grundlegenden Entscheidungen zu treffen. Warum also Differenzen? Es ergaben sich im Laufe des Nachdenkens und der Diskussionen besonders mit den marxistischen Mitschülern zwei Probleme.

Froelich: Die da wären?

---

110 Vgl. André F. Lichtschlag: Libertarianism. Eine (anti-)politische Bewegung in den USA und ihre Bedeutung für Deutschland, Grevenbroich 2000, S. 131.

Blankertz: 1. Die Marxisten behaupteten, wenn die Menschen in ökonomischer Hinsicht frei und individualistisch handeln dürften, würde dies notwendigerweise zu Ausbeutung und zur Kapitalkonzentration führen. Was war auf dieses Argument zu antworten?

2. Nicht nur Marxisten, sondern alle Nichtanarchisten, von denen ich las oder mit denen ich sprach, wandten ein, dass das freie Handeln des Einen jemand anderes schädigen, beeinträchtigen oder auch nur ärgern könnte. Wie dieses Problem lösen?

Als ich 1980 auf einer Tour durch Kalifornien die Libertarians entdeckte – genau gesagt: das Büro von Murray Rothbards "Libertarian Party Radical Causus" – wurde mir genauso plötzlich klar, wie ich 1970 aufgrund eines Bakunin-Zitats Anarchist wurde, dass die Österreichische Schule der Ökonomie, Ludwig von Mises und Murray Rothbard, die Antwort auf beide Probleme hatte: Eine ökonomische Erkenntnis, die bewies, dass die Selbstbestimmung auch im wirtschaftlichen Sinne nicht nur nicht Ausbeutung begünstigt, sondern ihr entgegensteht und zu Wohlstand, Frieden und Freiheit führt, ebenso wie im Eigentum eine genaue rechtliche und alltagstaugliche Trennlinie zwischen dem, was ich tun darf und was ich nicht tun darf – alles und zwar beliebiges mit mir und meinem Eigentum sowie mit Menschen, die mit mir übereinstimmen, und nicht mit anderen Menschen und deren Eigentum, solange sie nicht zustimmen. Das Prinzip der Freiwilligkeit oder Selbstbestimmung ist ohne den Eigentumsbegriff nicht sinnvoll auszudrücken. Schwierigkeiten hatte ich am Anfang mit dem positiven Gebrauch des Begriffs "Kapitalismus", das war starker Tobak für einen links sozialisierten Deutschen, aber da ich die Theorie überzeugend fand, habe ich die terminologische Abneigung schnell überwinden können.

Allerdings war meine Erfahrung in Deutschland dann sehr niederschmetternd. Wurde ein linker, antikapitalistischer Anarchist noch als harmloser Spinner angesehen (wenn er sich hinreichend von den terroristischen Umtrieben von Marxisten-Leninisten abgrenzte, die der Staatsschutz "Anarchiste" nannte), so machte ein Anarchist, der sich zu Eigentum, Marktwirtschaft und Kapitalismus bekennt, mich zu einem Aussätzigen. Das hat sich zwar insofern geändert, als es inzwischen einen libertäre Szene gibt, aber in den mir wichtigen Bereichen, Wissenschaft und Literatur, ist die Ausgrenzung eher noch heftiger und unversöhnlicher geworden. Wenn ich egoistischer entschieden hätte, wäre ich den Weg des üblichen Salonsozialismus gegangen. (Dies als kritische Anmerkung zur Psychologie von Ayn Rand, die ich für falsch halte, ungeeignet für die Fundierung des Libertarianism.)

Froelich: Ich mache diesbezüglich ähnliche Erfahrungen: Immer, wenn ich mich als Anarchist und Kapitalist zugleich bezeichne, werde ich angeschaut, als ob ich wahnsinnig wäre, obwohl Anarchismus meiner Ansicht nach eine notwendige Bedingung für Kapitalismus, den ich als freien Markt begreife, darstellt. Können Sie mir – in Anbetracht der Tatsache, dass Anarchismus zumeist als antikapitalistisch konnotiert wird – das Wesen des Staates aus einer anarchokapitalistischen Sichtweise heraus erklären?

Blankertz: Systematisch gesehen ist der Staat sowie alle von ihm geschaffenen oder abhängigen Organisationen, Institutionen und Unternehmen (der Theorie Murray Rothbards folgend) die einzige soziale Organisation, die legal ihre Ressourcen nicht durch ein gegenseitiges Übereinkommen mit den Gebern erzielen. Der Staat eignet sich Ressourcen ohne Zustimmung der Ressourceneigentümer an, ein Verfahren, das außerhalb der Konstruktion des Staates als krimineller Akt, als Diebstahl oder Raub bezeichnet wird. Für die Legalisierung des Raubes ist es für den Staat notwendig, ideologisch die Rechtsprechung zu übernehmen (damit wird die Legalität definiert) und machtpolitisch ein Gewaltmonopol zu errichten (damit wird Konkurrenz ausgeschlossen).

Historisch gesehen ist der Staat das Ergebnis von Eroberung, und zwar Eroberung zu genau dem Zweck, Raub (Aneignung fremder Arbeitsleistung) auf Dauer zu stellen, abzusichern und schließlich zu legalisieren. In diesem Prozess, in welchem sich nach den Worten des heiligen Augustinus Räuberbanden in Reiche verwandeln, entsteht meist auch die Klugheit, dass den Ausgebeuteten nicht das Produzieren unmöglich gemacht wird. Staatslenker, die dies nicht berücksichtigen, müssen entweder ihren Kurs ändern oder die Ausbeuter gehen zusammen mit den Ausgebeuteten unter.

Die Funktion der Ausbeutung verliert der Staat unter keinen Umständen. Wohl aber werden im Prozess der Verfeinerung der Herrschaftsstrukturen viele weitere, darunter wichtige und sogar lebenswichtige soziale Funktionen vom Staat okkupiert, Infrastrukturen, Verbrechensbekämpfung, Rechtsprechung, Bildung usw. Durch die Okkupation werden diese sozialen Funktionen in den Dienst der Ausbeutung gestellt, ihr Sinn wird verdreht, ihre Ausführung wird teurer und (gemessen an den Bedürfnissen der Gesellschaft) schlechter, aber durch die schiere Dauer der staatlichen Okkupation vergessen die Menschen, dass sie diese Funktionen besser und günstiger selbst organisieren könnten. Es kommt zu der paradoxen Situation, dass auf der einen Seite theoretisch und empirisch für alle Staatstätigkeit nachgewiesen werden kann, dass sie moralisch gesehen ungerecht und ökonomisch gesehen zerstörerisch ist, während das Bewusstsein der Ausgebeuteten sich ein Leben ohne Staat nicht mehr denken kann. Diese Situation nenne ich in augenzwinkernder Anlehnung an den neomarxistischen Begriff des Spätkapitalismus "Spätetatismus".

Froelich: Der Staat okkupiert also Bereiche, die von der Mehrheit der Gesellschaft als notwendig oder wünschenswert erachtet werden, um sein verbrecherisches Wesen zu verschleiern oder gar zu rechtfertigen. Wie wichtig ist ihm dabei die Okkupation der Bildung?

Blankertz: Historisch kommt die systematische Okkupation der Bildung durch den Staat relativ spät. Sie setzt im 19. Jahrhundert ein. Eine flächendeckende Beschulung der ganzen Bevölkerung über einen längeren Zeitraum gibt es aber erst ab der zweiten Hälfte des 20. Jahrhunderts.

Die Okkupation der Bildung folgt dem Muster anderer Okkupationen: Entgegen dem in Lehrbüchern der Pädagogik oder, wie es heute heißt, Erziehungswissenschaft bzw. Bildungsökonomie hat der Staat den Zugang der breiten Masse zur Bildung nicht geschaffen. Vielmehr haben sich im Zuge der Industrialisierung Arbeiterfamilien, die Bildung für ökonomisch und geistig erstrebenswert hielten, diese selbst in hohem Maße und guter Qualität selbst organisiert und selbst finanziert. Der Staat hat diese selbstorganisierte und selbstfinanzierte Bildung durch drei Maßnahmen okkupiert: indem er erstens sein eigenes

"Angebot" durch Schulpflicht verbindlich gemacht hat, indem er zweitens sein eigenes "Angebot" scheinkostenlos, also steuerfinanziert machte und damit jede gebührenerhebende Konkurrenz benachteiligte und indem er drittens die Zulassung zu bestimmten Berufen an den Erwerb von Abschlüssen in seinen oder von ihm lizenzierten Institutionen band ("Berechtigungswesen").

Der Sinn der Okkupation der Bildung durch den Staat liegt nicht nur und gar nicht mal vordringlich im Zugriff auf die Inhalte begründet, sondern vor allem auf zwei anderen Funktionen der Schule: Zum ersten übt der Staat die Kinder durch die Schule in sein System von Rundumversorgung bei gleichzeitigem Verbot jeglicher Selbstständigkeit ein; zum anderen steuert er durch die Schule die Produktion von Nachwuchs für verschiedene, ihm wichtige Berufe – die selektive Funktion der Schule, auch und gerade der Einheitsschule, wird oft übersehen. Wer es in dieser einen Schulform nicht schafft, wird ausgeschlossen. Auch die Produktion von Versagern gehört zu den wesentlichen Funktionen der Schule, die Produktion des Nachwuchses für die Sozialbürokratie.

Wie auch immer eine Schule auf dem freien Markt aussehen würde, welche Formen und Inhalte Eltern auch bevorzugen würden, eins ist ganz klar: Eine Institution, die auf dem freien Markt damit werben würde, dass sie 25% oder mehr Versager hervorbringt, würde genauso wenig Kunden bekommen wie ein Autohersteller, der sagt, na ja, rund ein Viertel seiner Autos seien in Ordnung, etwa die Hälfte mit leichten Mängeln behaftet, während das letzte Viertel leider nicht fahrtauglich sei, wenn man den erwische, Pech gehabt; mit Kostenerstattung jedenfalls sei Essig. (Diesen Vergleich habe ich übrigens von dem marxistischen Erziehungswissenschaftler Prof. Dr. Andreas Gruschka übernommen.)

Froelich: Einleuchtend, wobei ich die Relevanz des Zugriffs auf die Inhalte der Bildung nicht unterschätzen würde. Was sind weitere Gefahren, die vom staatlichen Bildungswesen ausgehen?

Blankertz: Der Zugriff auf die Inhalte ist besonders für diktatorische und ideologische Staaten sicherlich ein wichtiges Thema, aber es wird überschätzt. Denn Bildung hat eine positive "Eigenstruktur", so wie die staatliche Zwangsschule einen negativen "heimlichen Lehrplan" hat. Die Eigenstruktur der Bildung besteht darin, dass jedes komplexe Wissen ein eigenständiges Erarbeiten und ein eigenständiges Nachdenken erfordert, sodass selbst in diktatorischsten Systemen der Widerstand auch und gerade in der Bildungselite wächst. Auf der anderen Seite wirkt das schulische Zwangssystem als heimlicher Lehrplan und das ist die Gefahr des staatlichen Bildungswesens: Der heimliche Lehrplan lehrt die Kinder und Jugendlichen die Gleichzeitigkeit von Abhängigkeit und Versorgtwerden. Leider wirkt das auf den Widerstand der Bildungselite gegen einen aktuellen Staat zurück, sodass sie zwar gegen dieses oder jenes diktatorische oder autoritäre System aufbegehren, sich aber kein selbstorganisiertes Leben vorstellen können.

Eine weitere Gefahr des heimlichen Lehrplans ist es, dass der pluralistische Staat durchaus zulassen kann, liberale Inhalte auf den Lehrplan zu setzen, ohne sich in Gefahr zu begeben – die Schüler werden gegen diese Inhalte genauso resistent werden wie gegen alle anderen auch.

Froelich: Was sind denn die Alternativen zum staatlichen Bildungswesen? Vielfältige Bildungsmodelle? Eine vollständige Privatisierung der Bildung? Wie sollen die Alternativen umgesetzt werden? Und lässt sich dadurch allein der von ihnen beschriebene Spätetatismus überwinden? Was wäre noch nötig? Oder ist die Überwindung des Spätetatismus – realistisch betrachtet – nichts anderes als anarchokapitalistische Träumerei?

Blankertz: Von Alles-oder-Nichts-Positionen halte ich wenig. Jeder Schritt in Richtung Freiheit ist ein guter Schritt, auch wenn er klein ist. Es gibt vielfältige Möglichkeiten im Bildungsbereich für mehr Freiheit zu sorgen, mehr Wahlmöglichkeiten zu schaffen.

Das könnte sein

o   die Erleichterung, alternative Angebote auch im Pflichtschulbereich zu machen,
o   die Erlaubnis zu "Homeschooling",
o   die Aufhebung der Schulpflicht,
o   die Einführung eines Gutscheinsystems (ich persönlich bevorzuge eine Variante über Steuerrabatt für Eltern, die ihre Kinder nicht zur

Staatsschule schicken; diese Variante kann über die Finanzämter ohne eine zusätzliche neue Bürokratie zur Verteilung der Gutscheine eingerichtet werden),

o   in den Staatsschulen die Wahl nicht nur der Fächer, sondern auch und vor allem der Lehrer (denn wir wissen, dass in Wahrheit die Beziehung zwischen Schüler und Lehrer bildend ist, nicht das Fach),

o   die Umstellung von Abschluss- auf Aufnahmeprüfungen (es kommt dann nicht darauf an, was und wo man etwas gelernt hat, sondern was man kann, ob man der Aufgabe gerecht wird, egal, woher man die Kenntnisse und Fähigkeiten hat).

Diese sechs Punkte fallen mir spontan ein, es gibt sicherlich noch weitere Möglichkeiten, im Bildungswesen mehr Freiheit zu schaffen, ohne gleich das "ganze System" umkrempeln zu müssen.

Ob solche Veränderungen durchsetzbar sind, hängt von den politischen Rahmenbedingungen ab. Ganz prinzipiell muss zusammentreffen

o   die Unzufriedenheit von Betroffenen (Eltern, Kindern/Jugendlichen und Lehrern sowie von "Abnehmern" der so Ausgebildeten, also Arbeitgebern)

o   mit einer Krise im System (etwa Finanzierungsprobleme oder eine krasse ökonomische Dysfunktionalität der Berufsbildung – eine solche Dysfunktionalität hat ja Ende der 1960er Jahre zu der sozialdemokratischen Schulreform geführt) sowie

o   zusätzlich zu diesen beiden objektiven Faktoren das subjektive Bewusstsein von politisch einflussreichen Handelnden, dass die Lösung der objektiven Probleme in einer Entstaatlichung zu suchen sei (demgegenüber hat sich Ende der 1960er Jahre die Vorstellung durchgesetzt, dass eine weitere Verstaatlichung die Probleme lösen würde, obwohl in der Protestbewegung gerade auch für den Bildungsbereich Ansätze zu libertären, außerstaatlichen Lösungen vorhanden waren, sich aber politisch zu schwach zu zeigten).

Froelich: Herr Blankertz, ich danke Ihnen für die ausführlichen Antworten.

Literaturverzeichnis

Arnim, Hans Herbert von: Das System. Die Machenschaften der Macht, München 2001.

Baader, Roland: Die belogene Generation. Politisch manipuliert statt zukunftsfähig informiert, Gräfelfing 2005.

Baader, Roland: Totgedacht. Warum Intellektuelle unsere Welt zerstören, Gräfelfing 2002.

Baines, Edward: Education best promoted by perfect Freedom, not by State Endowments, London 1854.

Bartholomew, James: Schulbildung ohne den Staat – Privat- und Armenschulen im Grossbritannien des 19. Jahrhunderts und danach, Potsdam 2006.

Bastiat, Frederic: Der klassische Unterricht und der Sozialismus (1850), URL: http://bastiat.de/bastiat/klassische_studien.html (abgerufen am 15. Oktober 2013).

Blankertz, Stefan: Das libertäre Manifest. Zur Neubestimmung der Klassentheorie, Berlin 2013.

Blankertz, Stefan: Die Katastrophe der Befreiung, Berlin 2013.

Blankertz, Stefan: Pädagogik mit beschränkter Haftung, Berlin 2013.

Bökenkamp, Gérard: Das Grundrecht auf Meinungsfreiheit und Political Correctness im Spannungsfeld, Berlin 2013.

Borgius, Walther: Die Schule. Ein Frevel an der Jugend (1930), Leipzig 2009.

Bumgarner, Marlene: A Conversation with John Holt, in: Mothering, 1/1981, Jg. 6, Nr. 19.

Curtis, Stanley J.; Boultwood, Myrtle E.A.: An Introductory History of English Education since 1800, London 1960.

Department for Education and Skills: The Skills for Life Survey, Norwich 2003.

Dudek, Jürgen: Höchststrafe für Bildung zuhause gefordert, in: eigentümlich frei, 16.10.2013.
URL: http://ef-magazin.de/2013/10/16/4578-schulpflicht-hoechststrafe-fuer-bildung-zuhause-gefordert (abgerufen am 1. Januar 2014).

Eckermann, Johann Peter: Gespräche mit Goethe in den letzten Jahren seines Lebens, Zweiter Band 1828-1832, mit Einleitung und Bemerkungen herausgegeben von Gustav Moldenhauer, Leipzig 1884.

Ernst & Young: Studentenstudie 2014. Deutsche Studenten: Werte, Ziele, Perspektiven.
URL: http://www.ey.com/Publication/vwLUAssets/EY_-_Acht_von_zehn_Studenten_sind_zufrieden/$FILE/EY-studentenstudie-2014-werte-ziele-perspektiven-pr%C3%A4sentation.pdf (abgerufen am 20. Juli 2014).

European Council on Tolerance and Reconciliation: European Framework National Statute for the Promotion of Tolerance, Heidelberg 2011.

Ferrer, Francesc: La Escuela Moderna (1908), Barcelona 2002.

Feyerabend, Paul: Wider den Methodenzwang (1976), Frankfurt am Main 1995.

Friedman, David: Das Räderwerk der Freiheit: Für einen radikalen Kapitalismus, Grevenbroich 2003.

Friedman, Milton: Kapitalismus und Freiheit (1962), München 2007.

Goodman, Paul: Das Verhängnis der Schule (1964), Frankfurt/M. 1975.

Grotlüschen, Anke; Riekmann, Wibke: leo. – Level-One Studie. Literalität von Erwachsenen auf den unteren Kompetenzniveaus, Hamburg 2011.

Hegel, Georg Wilhelm Friedrich: Grundlinien der Philosophie des Rechts (1821), Frankfurt am Main.

Hespe, Franz: Homo homini lupus – Naturzustand und Kriegszustand bei Thomas Hobbes, in: Jäger, Thomas; Beckmann, Rasmus (Hrsg.): Handbuch Kriegstheorien, Wiesbaden 2011, S. 178-190.

Hobbes, Thomas: Leviathan (1651), Stuttgart 2007.

Hobbes, Thomas: Vom Menschen, vom Bürger (1642), Hamburg 1994.

Holt, John: Teach Your Own, New York 1981.

Hoppe, Hans-Hermann: Demokratie. Der Gott, der keiner ist, Leipzig 2009.

Hoppe, Hans-Hermann: Der Wettbewerb der Gauner. Über das Unwesen der Demokratie und den Ausweg in die Privatrechtsgesellschaft, Berlin 2012.

Illich, Ivan: Klarstellungen: Pamphlete und Polemiken, München 1996.

Katz, Michael: The Irony of Early School Reform (1968), New York 2001.

Kuran, Timur: Leben in Lüge, Tübingen 1997.

Le Bon, Gustave: Psychologie der Massen (1895), Hamburg 2014.

Lichtschlag, André F.: Jüdischer Professor von der Lehre entbunden, in: eigentümlich frei, 10/2011, Jg. 14, Nr. 118, S. 24f.

Lichtschlag, André F.: Libertarianism. Eine (anti-)politische Bewegung in den USA und ihre Bedeutung für Deutschland, Grevenbroich 2000.

Lindhoff, Hennning: Forschung im Zeitgeist, in: eigentümlich frei, 1/2013, Jg. 16, Nr. 129, S. 28-31.

Locke, John: Zwei Abhandlungen über die Regierung (1689), Frankfurt am Main 1998.

Luxemburg, Rosa: Die russische Revolution. Eine kritische Würdigung, Berlin 1920.

Melnik, Stefan; Tamm, Sascha (Hrsg.): Kleines Lesebuch der liberalen Bildungspolitik, Berlin 2011.

Mencken, Henry Louis: A Mencken Crestomathy, New York 1949.

Milgram, Stanley: Obedience to Authority: An Experimental View, New York 1974.

Mill, John Stuart: Über die Freiheit (1859), Stuttgart 2010.

Mises, Ludwig von: Die Bürokratie (1944), Sankt Augustin 2004.

Mises, Ludwig von: Human Action: A Treatise on Economics, Chicago 1966.

Mises, Ludwig von: Liberalismus, Stuttgart und Jena 1927.

Molinari, Gustave: The Production of Security (1849), Auburn/Alabama 2009.

Nef, Robert: Europäische Krankheit: Rettet die Bildung vor dem Staatsversagen!, in: eigentümlich frei, 7/2011, Jg. 15, Nr. 125, S. 12f.

Oppenheimer, Franz: Der Staat, Berlin 1929.

Orwell, George: Nineteen Eighty-Four (1949), Fairfield 2004.

Pagallo, Ugo: Bacon, Hobbes and the homo homini deus formula, Hobbes Studies, 11/1998, S. 61-69.

Paine, Thomas: Common Sense (1776), in: Foner, Philip S.: The Complete Writings of Thomas Paine, New York 1945.

Raico, Ralph: Die Partei der Freiheit: Studien zur Geschichte des deutschen Liberalismus, Stuttgart 1999.

Rhue, Morton: The Wave, New York 1981.

Rothbard, Murray: Anatomy of the State (1974), Auburn/Alabama 2009.

Rothbard, Murray: Education: Free & Compulsory (1971), Auburn/Alabama 1999.

Rothbard, Murray: Die Ethik der Freiheit (1982), Sankt Augustin 2000.

Rothbard, Murray: Für eine neue Freiheit: Kritik der politischen Gewalt, Band 1: Staat und Krieg (1973), Berlin 2012.

Rothbard, Murray: Für eine neue Freiheit: Kritik der politischen Gewalt, Band 2: Soziale Funktionen (1973), Berlin 2012.

Rousseau, Jean-Jacques: Vom Gesellschaftsvertrag oder Grundsätze des Staatsrechts (1762), Stuttgart 1977.

Schulak, Eugen Maria, Taghizadegan, Rahim: Vom Systemtrottel zum Wutbürger, Wien 2011.

Seldon, Arthur: Micro-economic Controls – Disciplining by Price, in: The Taming of Government, Institute of Economic Affairs Readings 21, London 1979.

Smith, Adam: Der Wohlstand der Nationen (1776), München 1978.

Smith, Frank: A History of English Elementary Education, 1760-1902. London 1931.

Spooner, Lysander: Kein Landesverrat – Die Verfassung besitzt keine Autorität (1870), Bern 2004.

Stern, André: ... und ich war nie in der Schule, München 2009.

Tooley, James: Should the private sector benefit from Education? The seven Virtues of highly effective markets, in: Libertarian Alliance, Educational Notes No. 31, London 1999.

UN: Allgemeine Erklärung der Menschenrechte, Artikel 19, 10. Dezember 1948.

West, Edwin G.: Education and the State (1965), Indianapolis 1994.

Zum Autor

Tomasz M. Froelich, Jahrgang 1988, geboren in Hamburg, studierte in Wien Politikwissenschaften und Internationale Entwicklung. Zwischendurch war er Volontär am Warschauer Ludwig von Mises Institut. Er betreibt die konsequent libertäre Internetplattform *www.freitum.de*, die 2012 mit der Roland-Baader-Auszeichnung prämiert wurde und im deutschsprachigen Raum zu den bekanntesten libertären Adressen im World Wide Web zählt. Außerdem schreibt er für *eigentümlich frei* und wirkt an den jährlich erscheinenden *Freiheitskeimen* mit.

Dank

Ich widme dieses Buch meiner ganzen Familie, insbesondere meinen Eltern Margita und Marek, meinen Großeltern Basia und Leszek, meinem Bruder Christoph, meiner lieben Michi und meinem langjährigen Mitstreiter und guten Freund Leon Grapenthin, der mich schon zu Schulzeiten auf die Missstände des staatlichen Bildungswesens aufmerksam machte und mit mir gegen diese auf oft satirische und unvergessliche Art und Weise ankämpfte.

Großer Dank gilt Dr. Michael von Prollius, der das Buch editiert und mit einem Vorwort versehen hat.

Ebenso danke ich Julia-Friederike Morgenroth und Dr. Stefan Blankertz, die sich als kompetente Interviewpartner zur Verfügung gestellt haben.

Herausgeber

Dr. Michael von Prollius ist Publizist und Gründer von Forum Freie Gesellschaft, einer Internetplattform, die sich für die Wiederbelebung und Weiterentwicklung des klassischen Liberalismus einsetzt.

Forum Freie Gesellschaft

Forum Freie Gesellschaft (www.forum-freie-gesellschaft.de) ist eine Internetplattform, die für eine Ordnung der Freiheit wirbt. Die Autoren setzen sich mit Analysen und Kommentaren für eine freie Gesellschaft und freie Märkte ein. Grundlage bilden die Ideen der europäischen Humanisten, Ökonomen und Sozialphilosophen. Dieses Bewusstsein wachzuhalten und an einer Erneuerung des klassischen Liberalismus mitzuwirken, ist das wesentliche Ziel von Forum Freie Gesellschaft.